U0814042

光尘
LUXOPUS

# 概括力

三步学会精准表达

[日] 山口拓朗 著

冯元 译

中信出版集团 | 北京

图书在版编目（CIP）数据

概括力：三步学会精准表达 /（日）山口拓朗著；冯元译 . -- 北京：中信出版社，2021.11（2024.5 重印）
ISBN 978-7-5217-3521-5

Ⅰ . ①概… Ⅱ . ①山… ②冯… Ⅲ . ①语言表达－通俗读物 Ⅳ . ① H0-49

中国版本图书馆 CIP 数据核字（2021）第 175287 号



概括力——三步学会精准表达
著者：　[ 日 ] 山口拓朗
译者：　冯元
出版发行：中信出版集团股份有限公司
（北京市朝阳区东三环北路 27 号嘉铭中心　邮编　100020）
承印者：　三河市中晟雅豪印务有限公司

开本：787mm×1092mm 1/32　　印张：5.375　　字数：82 千字
版次：2021 年 11 月第 1 版　　印次：2024 年 5 月第 12 次印刷
京权图字：01-2021-1193　　书号：ISBN 978–7–5217–3521–5
定价：49.00 元

概括力究竟是什么？

我会这么回答：

**无论如何（即使到了生命的最后一刻）都要说的话。**

也可以说是“无论如何都要说的话”，但为了强调重要性，我特意加上了“即使到了生命的最后一刻”。

摘自本书第 9 页

# 目录

Contents

## 第二章　步骤一：收集信息——收集足够的有效信息

## 第三章　步骤二：整理信息——分门、排序整理信息



## 第四章　步骤三：传达信息——简明扼要地将信息传达给对方

# 推荐序

从本科开始，我就一直从事关于传播的学习和工作，但却感觉“表达”这件事越来越难了。

我硕士毕业于北京大学传播学专业，工作以后在体制内做了两年记者，此外还是一个自媒体作家，微信公众号和微博都叫 @ 进击的阿秀，全网粉丝数超过 300 万。

随着读者越来越多，读者的知识背景、工作经历越来越多样化，我发现“表达”这件事越来越难了，经常我说着此处，一些人主动或者非主动地理解为彼处。

但厚脸皮一点说，我毕竟受到了良好的专业教育，又经历了每年 100 万字以上的写作训练，按理说在表达上已经算是有所心得，可依然会时不时遭遇表达困境，那么其他行业的朋友可能就更有类似的困境了。

在跟读者的日常交流中，以及在写作课程教学中，我也确实发现，很多朋友都有表达上的困境。比如思维方式上的混乱、认知偏差、情绪化思考、抽象概括能力不强；比如很难快速抓住有效信息，不管是听还是看，都很难快速、有效地组织信息；比如表达逻辑混乱，在表达中要么没有条理，要么拖沓冗长。

看到这本《概括力》的时候，我感觉很惊喜。

终于有一本实用的工具书，能够把精准表达的方法，解释得如此清楚了。

在这里，根据我的经验和这本书上的一些知识，我也讲讲我对精准表达的理解。

首先，学习精准表达就要先建立科学的思维模式。

因为语言是思想的承载工具，如果思想本身就很混乱，那么语言就很难起到精准的作用。比如我们在思考问题的时候，存在认知偏差、情绪化等问题。但思维的混乱是极具隐蔽性的，我们很难直接感受到。

那该怎么办呢？最好的办法，就是自我追问。诺贝尔奖得主李政道先生曾经资助过我的一个研究项目，李先生当时给我们的寄语就是：求学问，需学问。也就是说，想得到知识，就要先学习提问。

审视自己的思维模式也一样，要站在第三方的客观立场上，不断地追问自己：

是不是已经尽可能收集全了信息？

处理信息是否公平公正，不带情绪？

除了当下的解读，还有没有其他的解读？

总而言之一句话，就是要问自己："我会不会是错的？"

其次，学习表达是一个信息整理的过程。

我最近在开写作课程，发现很多人缺失一项非常重要的能力，就是有条理地表达。这个条理可能是按照时间、重要性等等。很多人在写作或者说话的时候，喜欢乱说一通，根本没有任何条理。说的时候没条理，意味着大脑处理信息的时候非常混乱，甚至可能完全没有对信息进行加工，就表达出来了，那这样就很难做到精准。

没有想清楚，又怎么可能说清楚呢？

所以我说精准表达也是一个信息整理的过程，你需要把脑海中收集到的信息，按照时间线、重要性、群体等各种标准，进行统一整理，然后再尝试表达。

最后，精准表达要考虑听众的接受能力。

现在的舆论场很有意思，人人都在强调自己说的权利，却不关心对方听的义务。自己想说什么就说什么，想怎么说就怎么说，丝毫不考虑听众或者读者能不能接受自己的表达。

不管靶子在哪儿就乱开弓，能射得准吗？

但如果要考虑听众的接受水平，那这个话题就大了，因为场景太多样了。比如：你要跟领导汇报工作，就不能长篇大论；你要跟文科生聊天，就不能用太多数学词汇；视觉化时代，你表达数据就最好用图表……

在不同的场景当中，你要根据听众的不同特点，思考什么样的策略能够更精准地表达你的想法，能够更好地被他们接受。

至于其他更加丰富的内容，我推荐大家去阅读这本《概括力》，相信大家一定会有所收获。

学习精准表达，不仅能够帮助你建立科学的认知，也能够帮你建立良好的思维逻辑，当然也能帮你打造良好的表达能力，相信对你的生活和工作都会大有裨益。

最后希望你能够把在这本书上学到的知识，应用到今后的工作和生活当中。

祝福你，加油。

阿秀

2021 年 10 月

# 前言

Preface

## 概括力强者与概括力弱者的根本差异

传达一件事时，不可一味地长篇大论。很多情况下，过于冗长的表达反而让人无法领会核心思想。比如，一名下属向上司汇报、商谈相关工作，可能有以下两种表达。

**表达方式①**

今天我想着就前几天的活动去各个公司登门致谢，然后到 A 公司时，正好碰到了前田先生……

聊着聊着，我就说到了我们公司的“美味提醒”（商品名），然后前田先生说他想和我们一起做这个项目。他本身就很擅长网络推广……关于这件事，您方便抽空谈谈吗？

**表达方式②**

跟您汇报一下关于A公司的前田先生想参与我们公司的“美味提醒”项目，帮助我们销售的事情。他说可以帮助我们制作销售网页，通过网络媒体扩大宣传等。请问，您可以和他见一次面，聊聊这件事吗？

哪种汇报形式更简明易懂呢？很明显，大家都会选第二种。究其根本原因就在于概括力的差异。

再举个例子。你最近看了一部电影，想告诉朋友这部电影的内容。一种表达如下所示。

电影里的主人公非常聪明，而且很帅，他叫健一，工作非常努力，也很出色。说到工作，其实他的职场环境并不好，上司滥用职权，以大欺小，压迫职员。但是，健一凭着很强的适应力……（一直不停地说。）

像这样，虽然你按照电影中的播放顺序娓娓道来，但是因为描述过于冗长，你的朋友也不会对此感兴趣。这样的阐述杂乱无章，又没有重点，很难让人听懂情节的发展。

我们再来看另一种表达。

> 这个电影讲述了主人公面对不合理的裁员政策，仅靠说话技巧就一举扭转局面，成为一名成功的视频博主的励志故事，非常感人。

这样阐述就有可能让你的朋友觉得有点儿意思，进而产生兴趣。那么，为什么后一种表达方式更容易让人产生兴趣呢？究其原因，也在于概括力的差异。

### 概括力究竟是什么

概括力是指抓住关键信息，顺应场景，简洁明了、有逻辑性地进行表达的能力。两小时左右的电影信息量太大，如果不整理关键点，只是从头到尾一直讲给别人听，十有八九会把对方搞晕。相比之下，如果你能从庞大的信息量中整理出关键点，并告知对方，对方一定会很开心。前者是概括能力弱的人，后者便是概括能力强的人。

概括能力强的人有一个共同点，那就是向别人传达信息时，舍弃 90% 的信息。他们确信“只要传达 10% 的信息，对方就会理解”，所以他们可以果断地舍弃 90% 的信息。表达者的这种自信，会带给接收者莫大的安心。

什么都想说，便是典型的不会概括。这样的人，不是担心自己说的少会导致对方无法理解，就是不会正确处理和整理信息。

很多情况下，人们之所以担心说的少会导致对方无法理解，其实是因为自己没有理解重点、要点，从而没有自信。为了弥补这种缺乏自信，人们就会拼命不停地说。还有一种情况是，人们之所以不会正确处理和整理信息，多是因为不了解概括的过程、步骤等。无论是哪种情况，大家都可以参考本书所讲的方法和技巧，提高概括的能力。

顺便说一下，如果你看了两个小时的电影，脑子里却没有任何想说的话，这从某种意义上可以说是非常糟糕了，简单来说就是输入力不足。为了锻炼概括力，你必须在输入（信息收集）方面下大功夫。

概括力得到提高后，工作效率和生产效率就会提高。

因为概括力应用在方方面面，比如表达自己的意见时，提出策划方案时，向客户做报告时，讨论和谈判时，向客户推销产品时，说服别人时，等等。总之，概括力是所有工作场合中都需要的一种能力。

当然，在理解对方并与其产生共鸣的交流中，概括力的作用也不容小觑。一边获取对方的信息（想法、心情、价值观、性格等），一边投其所好，说一些合适的话，这种行为本身就是概括的过程。

本书将概括过程分为以下三个步骤：

第一，收集信息（收集足够的有效信息），详见第二章；

第二，整理信息（分门、排序整理信息），详见第三章；

第三，传达信息（简明扼要地将信息传达给对方），详见第四章。

加强各个步骤的训练，概括力就会逐渐得到提升。

## 可后天领会进而掌握的概括力

迄今为止，我已经做了超过 25 年的杂志撰稿人和网络写手。其间，我采访过 3300 多人，有艺人、运动员、经营者、商务人士、家庭主妇、学生等。这份工作就是将从采访对象那里获取的信息整理成报道。其实，这一系列过程就是“概括”。

撰稿人对采访到的信息进行梳理，有取舍地整理、编辑成符合读者所需的内容。如果“概括”工作做得好，报道就会得到读者的支持，反之就得不到读者的支持。当然，如果写的报道一直得不到读者的支持，撰稿人就会面临被解雇的风险。

我的概括力就是在这种残酷的环境中磨炼出来的。

我想告诉大家，虽然我洋洋洒洒地写了这本名为《概括力》的书，但我并非天生就擅长概括。这不过是我一边写各种报道（反复输入和输出），一边领会进而掌握的后天技能。

对概括能力弱的人而言，其大脑就像没有整理过的电脑硬盘一样，即使存有相应的数据，也找不到在哪里。而对概括能力强的人而言，其大脑就像一个分类整理过的电脑硬盘，里面的各种数据分门别类，被整齐地存放在各个文件夹中。因此，大脑很容易找到所需信息。也就是说，这种大脑可以快速灵活地提取各种所需信息。整理好信息后，它就能更容易地发现信息之间的不同点和相同点，可以更顺利地进行信息分析和信息验证等。

此外，将概括出的信息进行组合，也会产生不少新的信息（创意）。如果大脑可以很快地输入和输出，并组合相关信息，你也就可以很容易地表达自己的意见了。

## 通过表达方式扭转人生

如果你想成为工作能力强的人，或者想要改变人生，就从现在开始锻炼概括力吧。

锻炼概括力的好处，不仅仅体现在可以提高你的工作能力，还会对你的整个人生产生巨大影响。比如，个人生活中人际关系的处理、社交网络上的投稿与交流、梦想的实现、日常生活中面临的大大小小的各种选择等等。提高概括力会使你的各个方面获得改善。

实际上，你现在的人生，正是你迄今为止所接收到的“所有信息”概括之后的结果。比如，你在哪所学校读书，从事什么样的工作，住在哪里，和谁交往，和谁结婚，金钱用于何处，时间用于何事，重视什么样的价值观，等等。这些事情都可以看作是一种总结，它们的总和便是你的人生。当然，也包括你正在读这本书这件事。

随着时代的发展，概括的必要性越来越突出。现代社会是超信息化的社会。即便是发呆的瞬间，突如其来的信息旋涡也会把你吞没，大脑会瞬间变得混乱不堪。

那么，你准备好安装这个“概括力”软件，以便在日常生活中随时随地地灵活运用了吗？

请放心，这本书已经排除了一切噪声和干扰，根据读者的需要，按照一定的顺序，整理好了必要的信息。

我会一直为你带路，陪你读到最后一页。

山口拓朗

# 第一章

# 极致的概括
——无论如何（即使到了生命的最后一刻）都要说的话

## 第一节　概括改变人生

### 喋喋不休，相当于浪费他人的生命

本书所传达的概括力其最终形态是精准的输出行为。人类的输出行为主要有说、写、做三种，本书将围绕工作场景中最常用的“说”展开论述。

喋喋不休，却又抓不住要领——这是工作场景中最忌讳的行为之一。因为这样的行为其实是在浪费他人的时间。时间的宝贵不言而喻。对每个人而言，时间都具有相同的价值。可以说，时间就是我们人的一生。换言之，时间就是生命。越是能干的职场人，越是话语精练，尽量不在语言表达上浪费他人的时间。

与喋喋不休、10分钟也说不到重点的人（概括能力弱的人）相比，要点明确、5分钟便能表达清楚的人（概括能力强的人）更能给人留下好印象。开展业务或发表演讲时，显然后者更容易取得好成绩。

另外，大多数职场人都面临相同的问题——时间效率低下和生产效率低下。对此，提高概括力是行之有效的解决方法。其原因在于，要提高时间效率和生产效率，就必须要在输出行为中增强信息密度，也就是让谈话或文章内容既饱满又凝练。为达到这一效果，最佳的解决方法便是提高概括力。

可以说，倘若概括力提高，说话、写作时的信息密度自然也会增强。如此一来，你所期望的成果、报酬等便会唾手可得。

## 在快节奏社会，概括是必备技能

锻炼概括力还可以获得一些额外的收获，其中之一便是让人跟上瞬息万变的社会动向。近十年来，无论是工作流程，还是市场趋势的转变，都大幅度地加快了脚步。人们的价值观和常识、生产方式和生活方式也在以惊人的速度发生着变化。工作中，加快事务决策和业务执行的速度，往往能够缩短业务时间和会议时间。也就是说，快速、准确概括信息的能力越来越重要。

以开会为例，概括能力强的人能够迅速掌握不同与会者的发言要点，并在此基础上完善自己的发言内容。如果能够迅速概括会议要点，自然可以快速地做出相应的判断或决策，也更能提出有效的解决方法或者建议。反之，如果一个人不能很好地对他人的发言进行概括，则不仅无法提供问题的解决方法或对策，甚至会因跟不上会议讨论而备感煎熬。

而且，在人际交往中，除了要了解对方的想法、意见以及需求，还要具备立刻概括出对方性格特征和心理特点的能力。一个人概括力越强，越能精准地概括出对方的信息，使自己在谈判、交涉时占据优势。同样，在使用邮件、聊天软件等进行文字信息交流时也是如此。快速精准地概括出有效信息，可以促进沟通与交流，提高业务执行的效率。

在远程通信尤为频繁的今日，最重要的便是文字信息的处理能力。比如，众所周知，用电脑、智能手机上网搜索相关信息时，必须在输入栏中输入关键字，这时就需要快速概括的能力。在获取信息阶段，倘若一个人花 3 分钟就搞定，另一个人花 10 分钟才搞定，那么在工作中，他们的进展和产出也会明显不同。

任何领域的工作都需要持续的概括力。所以，我们必须知道，提高概括力才是适应快节奏社会的最好办法。

## 被贴上“工作能力低下”的标签

喋喋不休、说话杂乱无章、缺乏条理的人是无法得到上司、下属、客户以及周围其他人的认可的。这不仅仅是因为他们浪费了别人的时间，还因为说话缺乏条理会给人一种没有概括能力的感觉（自然也就无法理解、处理好各种事情）。说得再严重一些，这类人会被认为是工作能力低下的人。倘若他们不做出一些突出的业绩或成就，便很难改变在他人心中的这种印象。

印象，也可以说是标签。可怕的是，一旦有人被贴上“工作能力低下”的标签，大家就会慢慢疏远他，原因是不想与他共事，觉得告诉他也没用，没必要与他商量，还是少和他交往为好。

反之，如果一个人拥有极高的概括力，总是能够简洁、易懂地传达信息，那么工作机会、合作伙伴、信息资源等都会源源不断地向他聚拢。大家会觉得他睿智、机警，应变能力较强，便纷纷想把工作交给他，想和他商量事情，听取他的意见，以及想拜托他某件事。企业自然也会格外珍惜这样的人才，想方设法留住他、提拔他。

假设你是接收信息的一方，你是喜欢杂乱无章的信息，还是总结到位的信息呢？答案不言而喻。处理杂乱无章的信息往往会耗费时间、精力、金钱，也就意味着伴有风险，甚至会带来损失。但如果是已经总结到位的信息，你无须再花费额外成本，就可以顺利地开展接下来的工作。此外，将信息传达给第三方时也省时省力（因为无须再次整理概括）。

如上所述，传达给他人总结到位的信息，也就意味着减少对方的工作量，提高他人的工作效率。

## 脑海中快速概括，语言上利落表达

概括力强的人能够精准地掌握信息，并且总是知道说什么（说话的中心内容）、说到什么程度（说话的分寸）、先说什么后说什么（说话的顺序）。他们在讲话时少有偏题，即使不小心偏题了，也能在绝妙的时机将话题引回主线。

其实，在日常交流中，概括力强的人与概括力弱的人在与人交谈方面也呈现出明显的差异。

概括力弱的人由于不会整理信息，有时无法表达自己的想法，有时又会不假思索地将自己的想法脱口而出。如果可以边说边整理信息，就尚且还好，但是有些人越说越乱，甚至都不知道自己在说什么。这样便会给对方带来不悦的感受，比如厌烦、失望、生气等。概括能力弱，对职场人来说是致命打击。

相反，如果一个人概括能力强，即使面临突如其来的难题，比如他人突然交代一项工作时，也能沉着冷静地应对，完成最好的输出。因为他在开口说话前的短短几秒钟内，就已经在头脑中迅速地完成了信息概括。即兴交流自不必说，他甚至还可以随时应对谈判和即兴演讲等。

概括力强的人无论遇见什么样的问题，都能瞬间给出准确答案，或者总能提供一些合适的信息。

本书将会详细介绍这些技巧。只要你能掌握并且将它们应用于实践，就可以做到“脑海中快速概括，语言上利落表达”。

## 学会极致的概括表达

概括力究竟是什么？

我会这么回答：

无论如何（即使到了生命的最后一刻）都要说的话。

也可以说是“无论如何都要说的话”，但为了强调重要性，我特意加上了“即使到了生命的最后一刻”。

请你竭尽全力思考一下，现在的这一瞬间，如果是生命的最后一刻，你想对对方说些什么。这便是概括。

本书不仅会详细地教你怎样概括出无论如何（即使到了生命的最后一刻）都要说的话，而且会帮助你提高概括力，让你从此掌握这种能力，学会极致的概括表达。

举个例子，你会如何回答以下问题呢？

问题：你是什么样的人？

如果我没猜错的话，现在你的大脑应该在高速运转，你肯定在努力思考自己是怎样的人。

**表达方式①**

嗯，我很开朗，而且，最喜欢做快乐的事情……工作的话，是销售工作，或许不是最合适我的，但我

> 一直在非常努力地做……我没什么特别的爱好，比较喜欢喝酒……我也很重视家庭。还有，我觉得自己的好奇心比别人强。啊，对了对了，我特别喜欢历史，尤其是从战国时代的武将那里学到了人生中重要的东西……

很明显，这种表达没有进行任何信息整理，直接将脑海中浮现的事情说了出来，掺杂了过多的无用信息，并且缺乏总结，所以很难令对方产生兴趣。这也体现了说话人的概括能力很弱。

相反，概括能力强的人会如下这样说。

**表达方式②**

> 我是一个目标导向型的人。不仅是工作，在兴趣、恋爱、减肥等方面，我也非常喜欢树立目标，并朝着目标踏踏实实地努力。

这样的表达很容易让人记住，也很容易让人了解你是什么样的人。

“表达方式①”中没有而“表达方式②”中有的，便是无论如何（即使到了生命的最后一刻）都要说某句话的意识。

针对“你是什么样的人”这一问题，“表达方式②”是在掌握多个特征（信息）的基础上进行分门别类，然后按照重要程度排好顺序，最后决定如果是生命的最后一刻自己会说什么，从而得出“我是目标导向型的人”这一结论。虽然整体的字数不及“表达方式①”的一半，但给人的印象远远好于“表达方式①”。另外，第二句的“不仅是工作，在兴趣、恋爱、减肥等方面，我也非常喜欢树立目标，并朝着目标踏踏实实地努力”只是“目标导向型的人”的具体解释。

无用的话和多余的话，于对方而言都是杂音。无论如何（即使到了生命的最后一刻）都要说的内容越明确、越具体，就越不容易混入杂音，也就越容易被对方理解。

请你牢记，所谓极致的概括，就是指无论如何（即使到了生命的最后一刻）都要说的话。

## 第二节　概括的三个步骤

概括分为三个步骤：收集信息、整理信息、传达信息。整个概括过程是否顺利，体现在最后一步。如果一个人可以在任何情况下都能很好地将信息传达给对方，最终达到自己的目的，我们便可以说他的概括能力很强。然而，仅靠“传达”是不行的，因为“传达信息”只是整个概括过程的一部分。

接下来我将详细介绍提高概括力的三个步骤，它们没有优劣之分，所有的过程都很重要。这三个步骤为：

- 收集足够的有效信息——第一步，收集信息；
- 分门、排序整理信息——第二步，整理信息；
- 简明扼要地将信息传达给对方——第三步，传达信息。

### 第一步：收集信息——收集足够的有效信息

其实，信息也有很多种。

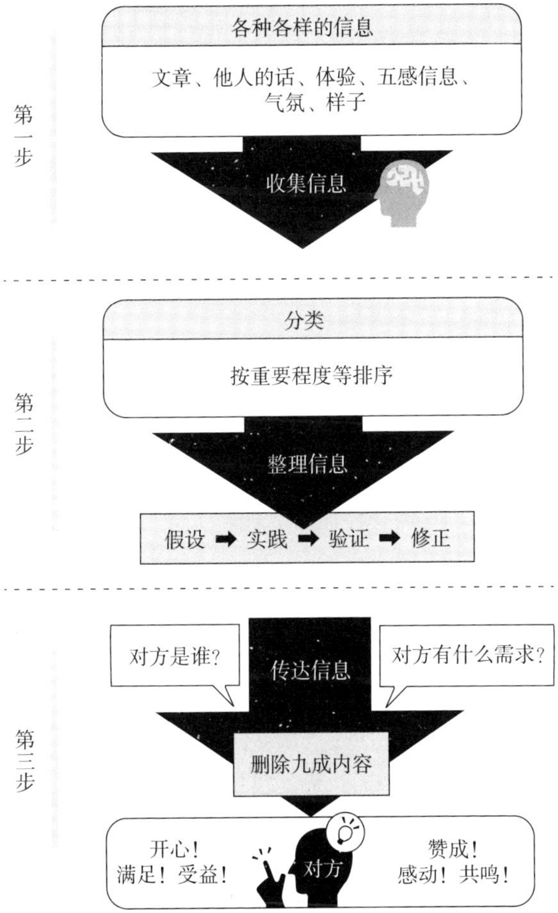
第一步
各种各样的信息
文章、他人的话、体验、五感信息、气氛、样子
收集信息
第二步
分类
按重要程度等排序
整理信息
假设 ➡ 实践 ➡ 验证 ➡ 修正
第三步
对方是谁?
传达信息
对方有什么需求?
删除九成内容
开心!
满足!受益!
对方
赞成!
感动!共鸣!

提高概括力的三个步骤

- 从别人那里听到的话（包括闲聊）；
- 在会议和商谈中听到的事情；
- 现场体验；
- 自己的五感接收到的信息；
- 在研修和研讨会上学到的东西；
- 文件、公文、数据、邮件等信息；
- 报纸、书籍、杂志等媒体信息；
- 网站和社交软件上的信息。

另外，以各种各样的信息为导火线，自己心中产生的想法和意见，也是一种信息。同样，基于信息的预测和假设也是信息。

如果把概括比作做饭，那信息就是食材。巧妇难为无米之炊，如果自己心里没有信息，即使想要输出，也无法实现。当然，如果把自己的所见、所闻、所感、所想等都当成重要信息处理的话，大脑很快就会崩溃。

盲目地收集信息反而会很危险。在这一点上，概括能力强的人一开始就能高效地进行信息处理。他们能够快速地筛选有效信息，从而巧妙地控制信息的输入。

关于收集信息的方法，我们将在第二章进行详细介绍。

### 第二步：整理信息——分门、排序整理信息

收集好信息后，这些信息就会储存在人的大脑中。这时，概括能力强者和概括能力弱者就会呈现出明显的差异。

概括能力弱的大脑不会整理信息，就如同一个人无论需要与否，总是不经选择地将所有东西带回家，渐渐地，地上、桌上、书架上都堆满了杂物，房间也变得凌乱不堪。在这样的房间里找寻东西自然不易，要花费更多的时间、精力，甚至很多情况下会无果而终，从而给生活、工作带来不好的影响。

与之相反，概括能力强的大脑就像整理得井然有序的房间。我从不把带回家的东西（信息）一股脑儿地随意扔在地上或桌子上，而是在判断是否需要的基础上，把不需要的东西扔进垃圾桶，把需要的东西分类收纳。收纳时也要安排好优先顺序，基本上是把输出概率高的东西放在前面，输出概率低的东西放在后面，以便需要时可以高效地提取。

整理信息时，需要注意以下三点：

- 懂得取舍，获取有效信息；
- 将信息分门别类；
- 按重要性等将信息排序。

关于整理信息的方法，我们将在第三章进行详细介绍。

### 第三步：传达信息——简明扼要地将信息传达给对方

这一步就是要把储存的信息传达出去，也是真正考验概括力的时候。再重要的信息，如果不传递给他人，便毫无意义。当我们以“说”或者“写”的形式将这些信息传播出去，使它们流之于社会，有助于他人时，它们才会产生价值。

在传达信息时，最重要的便是对信息进行提炼，理想的状态是将现有的信息删掉九成。输出时不仅要决定“说什么”，还要决定“不说什么”。不擅长传达信息的人，往往容易犯“什么都说”“不考虑顺序乱说”等错误，结果给对方造成负担。

想必不少人知道电梯推销，它是指一个人在乘坐电梯的极短时间内，向对方说明、演示等。因为时间非常有限，所以要充分珍惜和利用好每秒。这时，如果能舍弃九成措辞，便能呈现出最好的效果。

在实际工作中，我们很多时候都要见缝插针地传达信息，比如工作汇报、会议、洽谈等前后的短短几十秒到几分钟。无论时间多还是少，如果一个人每次都能做到舍弃九成去表达，他的概括能力就很强。

关于传达信息的方法，我们将在第四章进行详细介绍。

## 第三节　概括力的六个关键

### 明确传达目的

上学时，我们经常做这样的题目：阅读下文，用100字左右概括主要内容。这样的概括训练确实有效，可以让人学会抓住信息的要点。

但是，步入社会后我们才发现，这样的概括技巧并不能直接派上用场。因为社会人需要的概括力是动态的，需要根据表达目的和实际情况等灵活变动，而“抓住信息的要点”只是其中一部分。

目的就是“终点”，商务场合的目标大多是获得理想的结果。比如，提出策划案的理想结果便是让别人采用。所以我们要认真思考如何做才能达到目的，如何概括所获信息才能让策划案被采用。

实际上，我们的大脑拥有高性能的导航系统。只要设定好目的地（终点），大脑就会开始高速运转。

- 为了让策划案被采纳，什么时候说最好？
- 如何表达才好？
- 展示什么优点才好？

这样的反复思考，就意味着你在概括的过程中下了一番功夫。为了达到目的，聪明的大脑往往能够迅速收集、整理好有效信息，并且催促身体付出必要行动。“没有目的的概括等于画饼充饥”，所以概括时首先要明确目的。

### 明确传达对象

除了概括内容，我们还要注意将信息传达给谁，也就是说，要明确传达对象是谁，这一点至关重要。

举一个关于自我介绍的例子。虽然说自我介绍的内容都是关于自己的，但我们也会因对方是谁而在脑海中概括出不同的信息。比如，对方可能是分配到自己部门的新人、自己跳槽后遇到的新上司、客户方的负责人，也可能是加入自己足球队的新成员，又或者是搬来的新邻居，等等。

我在演讲时总是要先确定听众是什么样的人，是特定企业的职员，还是某个团体或组织的成员？是公开招募的人，还是学生、小孩子？

我会根据听众的属性和倾向，有针对性地调整演讲的内容、说话的方式、语言的选择等，以便更好地传达信息。因为如果你无视听众的属性和倾向，就很可能会造成对方对你传达的信息完全无法理解或毫无兴趣。

如果你是房地产公司的一名市场部员工，那么市场营销和销售能力也是概括力的一部分。概括能力强的人在制作本公司的产品宣传单时，会在脑海中深思熟虑“最想将这张宣传单给谁”（目标客户是谁）。

如今的社会充满了竞争，而且信息过剩，消费群体又呈现出多元化特征。宣传单想要吸引多元化的广大群众，尤为困难。

① 一对50多岁的夫妻，想买一栋房子以安享晚年。

② 一对40多岁的夫妻，考虑到要照顾年迈的父母，想买一栋可以两代人居住的房子。

③ 一对30多岁的夫妻，双职工，没有孩子，想买一栋充满都市感（设计感）的房子。

④ 一对20多岁的夫妻，有未满5岁的孩子，重视家人健康，想买一栋室内空气流通等各方面都好的房子。

很明显，这四组传达对象的目标非常明确。有了如此具体的传达对象，你就必须好好研究一下如何概括出表达要点。以下便是针对每个目标整理出的“无论如何（即使到了生命的最后一刻）都要说的话”。

① 这栋无障碍住宅是专门针对老年人设计的，可以让老人毫无压力地享受老年生活。

② 这栋住宅可以居住两代人，考虑周到，充满人性化设计，非常温暖。

③ 这栋住宅设计感十足，极具现代化大城市的家

居风格。

④ 这栋住宅重视居住者的健康，使用天然的环保材料，尤其适合有宝宝的家庭。

像这样，在明确传达对象后，我们就可以整理出“无论如何（即使到了生命的最后一刻）都要说的话”了。也就是说，通过明确听者的身份，说话者可以概括出有感染力、冲击力的语言。

## 满足对方的需求

在确定对方的身份后，你必须同时考虑对方的需求，但是绝对不能盲目地猜测，因为很多情况下我们所想的可能只是单方面的想象或妄想而已。了解对方需求的最佳方法便是与对方交谈。

不管对方是上司，还是客户，我们都要勇敢地与其交谈，哪怕是闲聊。在与对方交谈的过程中，我们便可以慢慢地引导对方给出以下问题的答案。

- （他）想了解什么？

- （他）想做什么或者我做什么会让他开心？
- （他）有什么烦恼？
- （他）有什么困难？
- （他）为何事感到不安？
- （他）因何事感到不满？
- （他）有什么还未解决的问题？
- （他）有什么想要的东西？
- （他）对什么感兴趣？
- （他）有什么开心的事情？
- （他）有什么想实现的目标或者想完成的梦想？
- （他）有什么即使花很多钱也想得到的东西？

收集到这些答案，便了解了这个人的需求。如果你不擅长了解他人的需求，就请先养成这样的意识：即使是私下闲聊，也要满足对方的兴趣。

向对方传达信息的优先顺序依次为以下三点：

① 满足对方需求的信息；

② 让对方开心的信息；

③ 自己想传达的信息。

很多概括能力弱的人都会优先选择第③点，从而导致传达效果不佳。社会人需要的概括是双向的，并非单向。我们要随时考虑对方的需求和兴趣。

假设你从国外旅行回来，这时你需要简单概括一下海外旅行的事。如果聊天的内容能够满足对方的兴趣，对方一定会很高兴。反之，如果不能满足对方的兴趣，对方就会对聊天失去兴趣，毫不关心。

如果对方是美食爱好者，你就聊食物；如果对方喜欢历史，你就讲一讲关于世界遗产的事情；如果对方对经济感兴趣，你就聊聊当地的物价和商业趋势；如果对方对飞机服务感兴趣，你就聊聊航空公司的事。总之，若你掌握了满足对方兴趣的方法，你的表达就基本合格了。

反之，如果一个人从不喝酒，你却没完没了地讲葡萄酒的事，或者和一个对政治毫无兴趣的人谈论某国的政治，对方就很可能会觉得无聊，甚至希望这个聊天快点儿结束。

另外，人们的需求和兴趣一直都在变化，我们要随时关注对方的语言、表情、说话的语气、样子等，观察出对方当下想要的东西。

## 想象对方理想的反应

当向别人传达某种信息时，你会预想一下对方的反应吗？即你对对方的反应感兴趣吗？更进一步说，你是否想过对方最好能给予什么样的回应？

其实，如果你想要达到某种目的，就不能把对方的反应交给对方，而是应该由你自己决定对方的反应。比如，在会议上提出某种想法前，你是否想过上司和同事会有何反应？如果没有，就说明你不擅长表达。其实，人类的大脑本身具有很强的导航功能，只是你没有将其充分发挥出来。

在会议上提出某一想法时，你想得到的理想回应是什么？“哇，这主意不错，我们赶紧试试吧！”我想你想要的应该是类似这样的回应。如果是的话，你就一定要下定决心：“我一定要让他们这样回应。”

决定对方的反应 = 描绘具体的想象

无法想象自己登上珠穆朗玛峰的人，能登上珠穆朗玛峰吗？答案是：不能！

以登顶珠穆朗玛峰为目标的登山家，不会只是想想“如果能登顶就好了”，而是抱着“一定要登顶”的强烈信念，总是清晰地描绘着自己登顶后的场景。

越是将某事具体化地想象与描绘，就越容易实现它。这个结论已经在脑科学界得到证实。此外，很多运动员也都利用意象这个心理训练工具进行训练，效果明显。

再举个告白的例子。如果一个人向单恋已久的他（她）告白，心里总是惴惴不安地想着“他（她）会不会拒绝我……”，而另一个人则是清晰地想象着“对方微笑着答应自己”的样子，二者的结果肯定会大不相同。

我多次提到，我们的大脑有一个导航系统，可以引领我们实现自己想要的目标。设定“得到对方认可”这一目的（目标）时，真实地想象（决定）一下“对方做出的理想反应”，会让我们更容易地得到想要的结果。

## 确认概括的信息量

概括的最终目标是传达。为此，我们要进行输出。工作中最常见的输出行为便是说话，而我们说话时必须考虑自己被给予的时间，比如：

- 会议上的发言时间是多少分钟；
- 和客户的谈判时间是多少分钟；
- 向上司汇报的时间是多少分钟。

我们要根据自己被允许的时间调整概括的信息量。如果只有 1 分钟左右的时间，就必须集中精力说一些“无论如何（即使到了生命的最后一刻）都要说的话”；如果有 5 分钟或者 10 分钟的时间，就在说完“无论如何（即使到了生命的最后一刻）都要说的话”之后，按照优先顺序依次传达其他信息。

如果不把握好时间，我们就很有可能会传达不完信息，或者在还没说到重点时被迫戛然而止。

另外，一名优秀的职场人，需要充分利用好谈话时间。因为“时间 = 金钱”，要知道浪费时间就是错失良机。

如果实在不清楚自己有多少时间，可以用这样的方式向对方确认一下，比如：“请问可以耽误您两分钟吗？我给您打个电话。”“请问能给我 15 分钟吗？”

以文章的形式输出亦是如此。我们必须首先确认一下自己被允许表达的字数是多少（是在写满一张 A4 纸之内，还是 400 字等）。

有些场合并没有规定字数，比如发送邮件。虽说没有字数要求，但你也不能把自己想到的内容一股脑儿地全写上去，啰啰唆唆地写一大堆是很失礼的。特别是工作邮件，既要有必要的信息，又要简洁明了。如果内容实在太多，就要另外想些办法，比如在适当的地方分开层次，或者以附件的形式附上文本等。

## 语言信息与非语言信息的概括

我们上学时常回答的“阅读下文，并概括其主要内容”之类的问题，便是对语言信息的概括。

当然，在步入社会参加工作后，我们也需要对语言信息进行概括。如果不能将别人的话或者从资料和书籍中获得的信息进行概括，我们就很有可能会出现重大的工作失误，引发问题。

很多场合下我们还需要对非语言信息进行概括。非语言信息是指语言和文字以外的信息，比如，我们在现场的所见、所闻、所感、所触，这些都是广义上的非语言信息。此外，在人际交流中获得的情感方面的信息等也属于非语言信息，例如，感受到对方“生气”“高兴”等。如果不能概括出非语言信息，我们输出时就无法传达问题的本质和我们做事情的诚意。

假设你的上司让你去巡视一下已开业三周的公司直营新店（餐厅）。新店店长告诉你：“开业以来销售业绩一直很好，没什么问题。”如果你只是囫囵吞枣地汇报，巡视报告就会像下面这样：

**只是语言信息的概括**

开业以来销售业绩一直很好，没什么问题。

然而，其实你已经看到了一些非语言信息。比如，午饭时间店内也有很多空位，兼职员工不常面带微笑，厨房和大厅之间的配合不太好等。这时，你应该调整一下汇报方式，如下所示。

**包含非语言信息的概括**

真田店长说销售业绩很好，没什么问题。但是，我巡视当天发现，午饭时间店内却有很多空座位，顾客并不多。所谓销售业绩好，也有可能只是某段时间的暂时现象。

另外，我还发现，兼职员工没有面带微笑，厨房和大厅的配合也不太好。尤其是面无表情的待客方式，给客人的印象非常不好。我认为，这些需要尽快改善，也许是因为员工培训不到位。我觉得，需要由总部派人指导一下新店的工作。

以上这样包含非语言信息的概括，使整个汇报变得截然不同。

收集非语言信息需要观察力。观察人时，需要注意以下要点：

**人类的主要非语言信息（部分示例）**

- 眼睛：善意的眼神，不服气的眼神，充满敌意的眼神；

- 表情：开心的表情，愤怒的表情，明朗的表情，阴暗的表情；
- 声音：洪亮的声音，明朗的声音，干脆利落的声音，弱小的声音，沉闷的声音，嘈杂的声音；
- 态度：给人积极印象或给人消极印象。

这位店长说话时的表情如何？是不是虽然嘴上说着“销售额很好，没什么问题”，但表情或者声音却很沉闷？即使表情和声音都很明朗，也有可能是他尚未意识到危机。

因此，非语言信息和语言信息一样重要，同样需要认真地收集、整理、传达。

# 第二章

## 步骤一：收集信息
## ——收集足够的有效信息

## 第一节　好的概括的要领

### 足够的有效信息，才有好的概括

如果聊天的话题恰巧是你目前正在沉迷的事情，比如运动、游戏、旅行等，你一定可以滔滔不绝地说上一两个小时，因为你拥有足够的信息量。反之，如果是一个十分陌生的话题，比如别人突然让你说一下埃塞俄比亚的经济情况，你很可能会缄口无言，因为你没有这方面的信息储备。

综上所述，话多（可以展开话题）与话少（不能展开话题）大多是因为信息量的不同。因此，展开话题的基本前提是拥有足够的有效信息。而且，为了概括出精髓，并且能够高效地传达给对方，我们必须收集精确的信息。

## 确保信息来源真实可靠

生活中，我们都不可避免地要与人交流。工作中，由于职业、专业等不同，我们也会与人或多或少地交流。而交流中不仅要输出（说），也要输入（听）。其实与上司、下属、同事、客户等的交流，其本身便是收集信息的过程。通过交流，我们能够从对方那里得到怎样的信息，便决定了之后概括信息的“质”。

当然，资料、目录、策划案、提案书、会议记录、调查数据等文本也是十分宝贵的信息。此外，你还要从报纸、杂志、书籍、电视、网络、社交软件等方面入手，高效地获取信息。你在现场用五感获得的“感觉”，以及你内心产生的想法、心情等，也都是重要的信息。

同时，不可盲目地认为信息越多越好，因为有些信息并不可信。因此，获取信息重要的是确保信息来源真实可靠。

优秀的记者和其他新闻工作者几乎都有值得信赖的信息来源。同样，在优秀的经营者和商务人士中，也有不少人拥有值得信赖的信息来源。对他们而言，信息就是生命。正因如此，他们在信息来源的选择上非常谨慎。

优秀的经营者在掌握高质量的信息后便可以开展一系列活动。比如，构建新的商业模式，开展新的项目，召集、培养优秀人才，建立危机管理体制，提高收益，做出最好的投资决策等。

反之，获取低质量的信息很可能会对企业和商务人士造成致命的伤害。比如，听信错误信息、谣言等，甚至会引起重大的工作失误，造成麻烦或损失。

所以说，无论是为了保证工作的顺利进行，还是出于对自身的保护，确保信息来源值得信赖，都尤为重要。

## 在脑海中架构信息收集天线

可以说，收集信息是好的概括的第一步。那么，如何提高收集信息的效率呢？在此，我推荐一个方法——在脑海中架构信息收集天线。

假设A、B两人走在同一条路上。A喜欢美食，B喜欢时尚。

自然而然，A会关注新开的咖啡馆、很多人在排队的拉面馆、美食杂志上刊登的超受欢迎的意大利料理店等。

另外，由于对时尚毫无兴趣，他不关心自己的穿着自不必说，也毫不在意B的穿着打扮。

而B总是不由得一边逐一观察身边人的穿衣品味、时尚感，一边分析最近的流行趋势以及他们的穿着打扮。当然，B最喜欢观察陈列在橱窗里的模特。

就这样，他们二人虽然走在同一条路上，但却像活在完全不同的世界里。究其原因是他们大脑中架构了不同的信息收集天线。

这个结论可以用脑科学中的网状激活系统来说明。简而言之，这个系统就是一个从眼前的信息和事件中，筛选出要认识哪些、屏蔽哪些的过滤器。上述例子中A先生对美食信息的捕捉和B先生对时尚信息的捕捉便是受到了网状激活系统的影响。

如果你觉得自己不会收集信息，就针对自己想要收集的主题的信息，在大脑中竖起一根收集信息的天线。架构天线的方法很简单，只需命令大脑即可。当你向大脑发出命令后，大脑就会自动开始收集与该主题相关的信息。

假如你参加了公司的新项目——“屋顶绿化”，你只需命令大脑收集有关信息即可。

你的大脑在接收到命令的瞬间，就会开始捕捉、收集关于屋顶绿化的信息。比如，走在街上时你会注意观察周围的屋顶、露台、阳台上的绿色植被，会格外地留意加大绿地建设力度的公园；在书店时会被封面上写着“绿化”的书所吸引；以及，还会在网上搜索“屋顶绿化”等。也许连你自己都不曾想到，可以从这么多地方收集到关于屋顶绿化的信息，甚至有时你看到“绿茶”二字都会马上有所反应。显然，这是错误的信息，但也是信息收集天线在起作用。

我列举了架构信息收集天线的表格，以便大家理解。

架构信息收集天线的案例

| | | |
|---|---|---|
| ①<br>屋顶绿化的<br>效果和好处 | ②<br>屋顶绿化的<br>体系（种类） | ③<br>适合屋顶<br>绿化的植物 |
| ④<br>屋顶绿化的<br>资助制度 | 新项目“屋顶绿化” | ⑤<br>屋顶绿化的<br>相关法律条例 |
| ⑥<br>屋顶绿化的<br>风险和注意事项 | ⑦<br>屋顶绿化<br>的成本 | ⑧<br>屋顶绿化的<br>成功案例 |

你也可以逐条写，但用九宫格会更容易写出来（因为人出于本能都想填满方格）。

在实际应用中，架构信息收集天线时，要尽量全面，不要有遗漏。比如，如果你一味地阐述屋顶绿化的效果和好处，丝毫不说它的风险和注意事项，这样就会降低说服力。所以，需要架构有关“屋顶绿化的相关法律条例”和“屋顶绿化的风险和注意事项”的天线。这是为了保证没有遗漏，完成全面的输出工作。

当然，我推荐九宫格只是图个方便而已。如果你想更为清晰地捕捉相关信息，可以使用更多的方格来写。这样一来，在推进项目的过程中，你不仅可以更好地获得必要信息，还能随时随地准确地完成“概括—输出”工作。

## 第二节　用提问的方式提高信息质量

### 问自己

好的概括需要保证信息的质量，为了提高信息质量，我们必须主动接触信息，而非被动地接收信息。

那么，如何主动接触信息呢？有一个方法，就是“问自己”。

假设你偶尔看到车站前的某家咖喱店门口排着很长的队，便告诉别人“××车站前的咖喱店是家人气店”，这其实有些草率。因为这一现象（排队）毕竟是你偶然看到的，而从偶然的现象到输出信息（断定是人气店）还有很大的差距。

有一个很有效的方法可以帮助我们确认信息的真伪和价值，那便是“问自己”。以下是可以问自己的若干问题：

- 那家店是否每天都有人排队？（还是今天只是碰巧而已？）
- 是否因为刚好是午饭时间？
- 是否因为店里的座位太少了？
- 是否因为效率问题，客人点餐后的等待时间较长？
- 是否因为前段时间有媒体介绍或者做过某种宣传？

也就是说，即使是亲眼看见，我们也不能仅凭一次所见就断定这是家人气店。我们要将自己有所疑惑或者感到不可思议的地方以问题的形式一一列出，然后仔细找出答案。而且，多数问题都可以遵循“5W3H”原则。积极地问自己（有时问对方）这样的问题，可以有效地提高信息的质量。以下为“5W3H”原则：

- Who（谁）
- What（什么）
- When（什么时候）
- Where（哪儿）
- Why（为什么）
- How（怎样）
- How many（多少，用于可数名词）
- How much（多少，用于不可数名词）

### 问为什么

询问原因、依据、动机等的“为什么”可以很好地提高信息的可信度。

- 为什么说这个方法有效？
- 为什么要做这个项目？

- 为什么会出现那样的失误？
- A 公司为什么决定开发这个商品？
- 为什么要组织这个会议？

找寻“为什么”的答案，就是找到理由、依据、证据等。弄清楚了这些，就会大大提高我们在最终阶段进行输出时的说服力。

### 问如何做

提供手段和方法论的“怎样”在获取信息时也很重要。

- 怎样做宣传？
- 怎样推进这个项目？
- 怎样测评顾客的满意度？
- 怎样将该系统融入现有的服务中？
- 怎样管理 30 名员工？

通过探寻“怎样”的答案，可以获得关于将来的行动、进展、对策等相关信息。

## 问如果

除“5W3H”之外，我还喜欢使用“If”（如果）法提问。“如果”常用于对尚未成为事实的事情做出某种假设。

- 如果实施这个计划，需要投入多少成本？
- 如果销售额达不到预期目标，如何弥补？
- 如果接了这项工作，有什么好处？
- 如果交货日期推迟了，怎么办？

如上，向自己或者对方提出一系列“如果”问题，可以获取关于今后的行动指南、判断标准等诸多信息。为所有的可能做好准备，也是商业中有效的风险对冲方法。

另外，通过“如果”法提问，还可以很好地完成自我启发。例如：

- 如果我是领导，会怎么做？
- 如果部长问我……我怎么回答？
- 如果这项工作推迟，会怎么样？

事先思考这些假设性对策，不仅可以帮助我们明确自己的想法和应该采取的行动，还能提高我们的风险管理能力。

通过“如果”法得出的信息，大多数的前提、假设是在不远的将来。毋庸置疑，抢先掌控将来的人，在商业上更容易取得成果。那些擅长应对突发性问题和纠纷的人，想必都经常使用“如果”法来展望不远的将来。

设想所有可能，事先用“如果”法完成模拟，还可以消除自身的不安和迷茫，在精神上帮助自己提前做好心理准备。

## 封闭与开放式提问

与人交谈时，如果只是一味地听对方说话，就只能获取表面或者片面的信息。因此，为了获取更多的有效信息，你必须主动提问。

提问主要分为封闭式提问和开放式提问。所谓封闭式提问，就是以二选一的方式提问，让对方回答是或者否、A 或者 B。通过限制对方的回答范围，我们可以锁定话题，明确对方的意见和态度。而开放式提问是指不设定范围，让对方自由回答的提问。这种不设定范围的方式，既可以延伸话题，也可以引导出对方的意见和想法。

- 封闭式提问：您觉得方案 A 和方案 B 哪个好？
- 开放式提问：您能就方案 A 和方案 B，分别说一下您的意见吗？

这两种提问方式没有绝对的好与坏。只要能够将两者巧妙组合、灵活运用，就能高效地收集到合适的信息。总是用一种提问方式，可能会造成信息收集上的偏差。因此，我们要合理地运用两种提问方式。

通过“提问→回答”，提高获取信息的质量

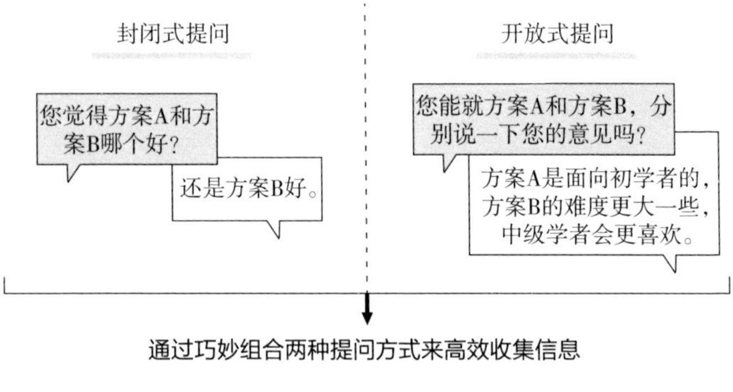

# 第三节　客观认知，避免偏差

## 日常中的认知偏差

每个人都有认知偏差。认知偏差指思维上的偏差，也可以说是臆想或偏见，是妨碍好的概括的一个重要因素。认知偏差过大者，是无法正确掌握信息的。下面我们列举了一些日常中常见的有关认知偏差的例子。

### 认知偏差案例 1

某家餐厅不仅食物美味，而且服务周到。如果因偶然飞过一只小苍蝇，而认为“这家店非常糟糕”，这就是典型的以局部论整体。也就是说，只看到了事物的一部分，便评价整体。

### 认知偏差案例 2

因某部电影的网络评级在 4 星以上，便断定它是一部好电影。实际上网络评级并不完全能够代表电影作品的好坏。

### 认知偏差案例 3

A 公司发展迅猛时，对 A 公司的做法给予全面肯定；A 公司遭遇危机走下坡路时，便对其全面否定。实际上结果的好坏并不完全等于过程的好坏。

### 认知偏差案例 4

一味地相信“报纸上写的都是正确的”“雅虎网站新闻的评论栏就代表舆论”。实际上媒体的报道都具有片面性，往往都只是截取了事情某一方面、某一部分的信息。

### 认知偏差案例 5

以貌取人——认为穿着光鲜、西装笔挺的人工作能力很强，穿着随便、邋遢的人工作能力很差。实际上我们不能只靠外表来判定一个人的工作能力。

### 认知偏差案例 6

平时觉得很贵的东西，放在高级店里却显得很便宜。比起绝对标准，更喜欢相对标准。

以上这样的有关认知偏差的例子不胜枚举。然而，有两种方法可以防止认知偏差带来损失。

一种方法是我们要清醒地认识到人类本身就有认知偏差。当接触新的信息时，或者不得不做出某种判断时，我们要停下脚步，问一问自己是否存在认知偏差。通过时间减少偏见和臆想，我们可以收集到更为全面、更为客观的信息。

另一个方法便是提高元认知能力。元认知能力是指客观看待自己想法和行为的能力。

### 提高元认知能力

元认知能力弱的人和元认知能力强的人具有不同特征。

#### 1. 元认知能力弱的人

- 不能客观地看待事物；
- 视野狭窄；
- 容易被眼前的问题所左右；
- 容易感情用事；

- 目光短浅，不会长远思考；
- 沟通能力差（说话时不考虑对方）。

### 2. 元认知能力高的人

- 能够客观地看待事物；
- 视野开阔；
- 不被眼前的问题所左右，而是找出解决方案；
- 言行理性；
- 能够从长远的角度思考问题；
- 沟通能力强（说话时考虑对方）。

毋庸置疑，在工作中，元认知能力强的人更容易成功。但是，元认知能力并非一朝一夕便能培养出来，你可以先通过以下训练找一找感觉。

- 写出自己的想法和情感（客观地看待自己的想法和情感）；
- 写下发生在自己身上的事情（客观地看待事情）；
- 思考做事的目的，即“这么做是为了什么”（客观地看待自己的行为）；

- 听取他人对自己言行的评价（客观地看待自己）；
- 思考并写下“对方是怎么想的”（客观地看待对方的心情）；
- 读小说 / 看电影（了解各种人的想法和心情）。

如果你不想因认知偏差而遭受损失，就要提高自己的元认知能力，也就是加强客观地看待自己想法和行为的意识。

另外，一个人概括能力越强，越能意识到自己在进行概括。也就是说，日常注重培养元认知能力，在整个概括过程中都发挥着至关重要的作用。

## 第四节　五种正确的信息收集方法

### 培养看清事物本质的能力

本质是指事物的根本性质和面貌。收集信息时，是只收集表面信息，还是收集本质信息，在最终的输出阶段会呈现出根本性的不同。

看清信息本质的能力，对于强化概括力极其重要。如果在输入阶段（即收集信息阶段）就能看清本质，我们会大大提高概括的精确度。

要想看清事物本质，就必须锻炼观察力和洞察力。观察力是指对事件的状况、事物的样子等一些眼睛看得见的信息仔细观察的能力。洞察力是指以亲眼可见的信息为线索，洞悉眼睛看不见的事物本质的能力。以树为例，观察力看的是树干和枝叶，而洞察力看的则是埋于地下的根。

锻炼洞察力，则首先要锻炼观察力。所谓观察，便是要有意识地仔细观察。倘若不以自己亲眼所见的信息为线索，便无法看清事物的本质。

看清本质

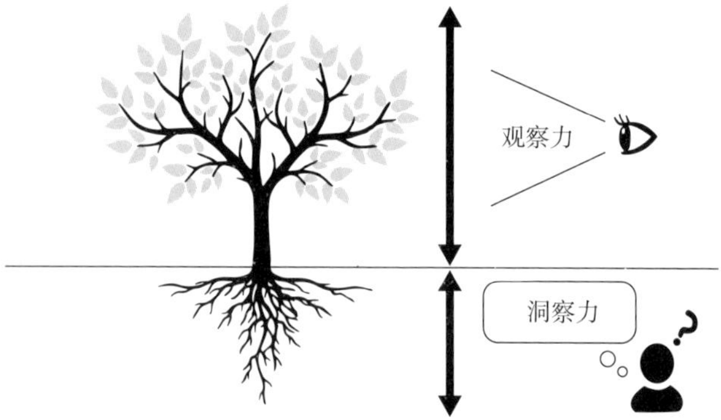

如果一棵树枝叶繁茂，想必它的根部也比较健康。这便是以外表为线索找出事物本质的洞察力。如果一棵树枝叶稀疏，那么它的根部可能也有问题。若没有意识到这一点，只是对表面的枝叶做一些应急处理，则对解决问题无济于事。而洞察力强的人会想到可能是因为根部有问题，并且想办法治理根部。

人类只擅长在自己特定的意识领域内思考。因此，多观察事物，拓宽眼界，是提高看清事物本质能力（即洞察力）的唯一方法。

如果一个人不具备看清事物本质的能力，当遇到问题和难题时，便容易采取一些看上去略有成效，但是治标不治本的临时措施。而拥有看清事物本质能力的人则会采取合理的方法对症下药，从根本上解决问题。如果你想成为后者，就要培养看清事物本质的能力，即增强观察力和洞察力。

## 激活类推思维

看清事物的本质有诸多好处，其一便是激活类推思维。类推思维是指将已知的信息和经验运用到未知的事物上。比如，看见树木枝叶稀疏便想到这棵树可能根部有问题的人，在公司业绩下降时就会思考公司的根本问题。通过思考，他发现公司的根基是人才，因此必须加强人才培养。这便是运用类推思维解决问题的一种尝试。

再比如以下思考过程，也是一种类推思维的体现。

近年来，市中心的车站附近出现了很多家“1000日元理发专营店”，似乎生意不错，尤其受到繁忙的商务人士的喜欢。同时，最近便利店的服务也越来越多样化了。

假设你获得了这些信息，乍一看，1000日元理发与便利店服务的多样化完全是两码事。然而，善于运用类推思维的人会尝试将二者进行比较、分解并再次结合。比如，如果在便利店一角设置一个1000日元理发的摊位，会不会别出新意，让它更受欢迎呢？

之所以产生这样的想法，正是因为善于运用类推思维的人看到了1000日元理发与便利店共有的特点及本质，比如轻松、方便、合理。也可以说，看清事物的本质能够帮助我们概括出两种不同的信息，从而获得创意。

锻炼类推思维，可以帮助我们解决各种工作中的问题，获得创意。比如构建新的商业模式，制订计划，调整公司战略，改革人才招聘、培养方案，更新时间管理方法等。

## 总结对方的个人特征

如果一个人不仅清晰地了解对方的意见和心情，还精准地了解对方的人品、性格、气质等个人特征，便可以完成高质量的最终输出（“说”和“写”）。

要想看清对方的个人特征，不仅要斟酌他的说话内容，还要观察他的姿态和表情等。因为有时这些比语言更能展现一个人的真实想法。很多时候，我们都需要通过这些观察来获取人们语言背后的内心感受和真实想法。

你的直属上司是个什么样的人？要想看清对方的个人特征，就必须充分运用听觉和视觉，仔细观察对方。下面列举性格完全不同的两个人加以说明。

### 科长 A

- 总是主动与下属打招呼，积极与下属沟通；
- 总是朝气蓬勃，给人带来欢乐，喜欢与人聊天，除工作相关事宜外，也常与下属闲聊；
- 擅长鼓励员工，总能鼓舞士气，让员工充满工作热情；

- 重视提高顾客的满意度；
- 重视工作过程，而非一时的数据；
- 喜欢看足球比赛和登山。

**科长 B**

- 不主动与下属打招呼，很少与周围人交流；
- 总是不苟言笑，只聊工作，从不闲聊；
- 总是严词训人，控制欲强；
- 重视不断取得一个个短期的成果；
- 不看过程，只凭数据判断一个人的工作情况（尤其看重指标的完成度）；
- 总说自己的兴趣就是工作。

通过列举的方法，分别将他们的个人特征详细地写下来，这样就能看出具体的不同之处。他们二人的个人特征没有绝对的好与坏，因为个人特征存在差异是理所当然的。

清晰地了解对方的个人特征，可以帮助我们完成更好、更有价值的输出。例如，最重视客户满意度的科长 A 和只看数据来判断下属工作的科长 B，他们需要的信息完全不同。

如果你做一份关于客户满意度的报告，科长 A 会听得津津有味，科长 B 则丝毫不感兴趣，他肯定会问你：“对了，这个月的销售额是多少？”所以，向科长 B 做汇报时必须时刻注意数字，告诉他近期是否取得了一些成果。如果还未取得成果，最好准备一些近期内做出一定销售额的想法（结合数据）。有人说：“工作中无须了解个人特征！”其实，这种想法是错误的。社会是由人际关系构成的。为了建立良好的人际关系，保证工作的顺利进行，了解一个人的信息（个人特征）是极其重要的。

对客户亦是如此。一家公司越是提供高质量服务，越要很好地了解每位顾客的特征。

把“客户”培养成“常客”的第一个秘诀便是收集信息。

## 灵活切换抽象信息与具体信息

收集信息时，要养成一个习惯：收集各种主题的关键词。

比如，外国人看到“寿司”“富士山”“相扑”“艺伎”“寿喜烧”等关键词时，就会想到日本。

因此，观察关键词之间的关系，有助于我们看到更多的关键词。

①打喷嚏、流鼻涕、眼睛痒、2月和3月是高峰期、过敏。

②格斗技、拳击手套、冠军腰带、每3分钟一个回合。

大部分人马上就知道①指的是花粉过敏，②指的是拳击。

一个词语的意思不仅是其自身所包含的，也是由该词语以外的词语（信息）构成的。要解释某个词的意思，我们只能使用该词以外的词语，单靠该词本身是无法解释的。

词语 = 信息网络。信息网络是指理解的词汇量和词语之间的联系。一个人越是拥有强大的信息网络，越能在各种场合中选择最合适的词语（语言）。在汇报、联系、商量等情境下自不必说，在说明、谈判、演讲等情境下所有输出的质量也可以提高。

另外，语言传达的信息分为两种：具体信息和抽象信息。

我们既可以从几个具体信息的关联中找出并总结这些信息背后的抽象信息，也可以从一个抽象信息中提炼出多个具体信息。

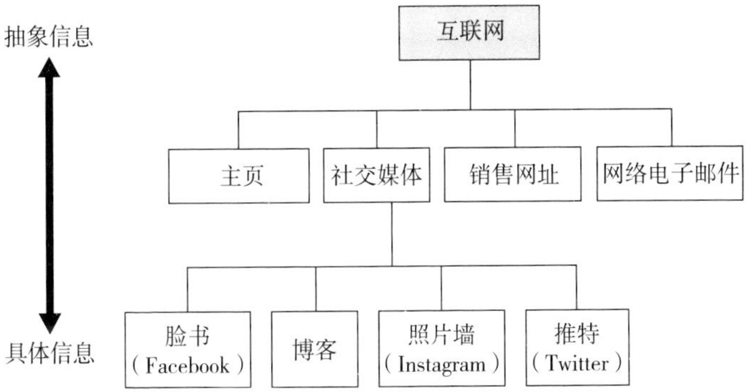


具体信息与抽象信息的关联

如上图所示，“互联网”这一抽象信息在具体化后，可以提炼出主页、社交媒体、销售网址、网络电子邮件等信息，社交媒体又包括博客、照片墙、推特和脸书等。

如果有人问你：“如果一家企业发展得不好，你有什么方法帮助该企业提高业绩吗？”对此，你能拿出多少方案？

- 提高销售能力；
- 开发新产品；
- 扩大销路；
- 开发新项目；
- 改善营销方法；
- 实施广告战略；
- 提高老顾客的回头率；
- 降低成本；
- 确立（或强化）企业品牌；
- 培养人才；
- 更新经营领域；
- 改善企业体制；
- 健全财务机制；
- 实施大众传媒 & 其他媒体战略；
- 与其他公司协力合作；

- 寻求专家、顾问以给予指导。

以上列出的改善方案皆是抽象信息。比如，如果你只说需要培养人才，对方则并不知道具体要做什么。也就是说，我们需要说明如何培养人才和用什么方法等，将具体对策（具体信息）解释一下。

当然，一个人要在工作中获得具体信息，需要有一定的经验。然而，并非所有人都可以如此。一些人即使经验丰富，也无法立刻找出具体信息，因为他们没有养成在脑海中将抽象信息和具体信息灵活转换的习惯。

比如，有人问："鱼有哪些种类？"大家都会回答金枪鱼、鲑鱼、竹荚鱼、鲷鱼等。问题中的"鱼"是抽象信息，回答中的各种鱼是具体信息。想必面对蔬菜、运动项目这些问题，大家也都能举出一些例子。

就这样，我们可以在日常生活中通过做游戏的方式，锻炼思考能力，逐渐养成将抽象信息与具体信息灵活转换的习惯。最重要的是，围绕平时经常跟别人说的主题，你要学会在抽象信息和具体信息之间来回思考。

其实，抽象信息和具体信息存在于各行各业，比如金融、服务、媒体、制造业、教育、餐饮以及公务员等。所以，我们平时要养成这样的思考习惯："××之上的抽象信息是什么？""××之下的具体信息是什么？"养成灵活转化抽象信息和具体信息的习惯，可以强化你的信息网络，自然也就可以助你做出好的概括。

## 借助目录进行概括

从书籍、商务文书、行政文书等各种文本中收集信息时，一定要浏览目录，因为目录是将文本内容简明扼要地表达出来的终极概括。

如果一本书共五章，只要浏览一下目录，你就能大致了解每一章的主要内容。假如你对目录中第三章的内容感兴趣，也许你只要阅读第三章即可获得所需信息。当然，如果只看这一章还不够的话，你也可以（按照重要程度）继续阅读其他章节。有些章节虽然看上去无须阅读，但也可能包含一些有效信息。对于这些章节，我建议大家留意下小标题以及那些经常出现的关键词等，快速地浏览一下（无须熟读）。翻页浏览时，倘若你觉得有些地方应该再看看，就再次重点阅读即可。要注意，万不可从头读到尾。一旦采取这样的阅读方式，收集信息的效率就不会提高。

其实，我们在信息收集阶段便开始了概括。在这个过程中明确信息的必要性和非必要性，便可以减轻随后概括过程的负担。

# 第三章

# 步骤二：整理信息
# ——分门、排序整理信息

## 第一节　分门别类整理信息

### 设立目标，用倒推法整理信息

完成第一步，即收集完高质量的信息后，便来到了第二步——整理信息。整理，不可随意。概括的目的是通过输出，给对方提供有价值的信息。因此，我们需要在明确目标后，用倒推法整理信息。举个例子，假设你被派遣到 M 公司工作半年，派遣结束后，你要向上司汇报工作。

> 起初感觉很难融入，与部门同事之间的沟通都很困难。公司内部的氛围倒是不错，只是感觉部门与部门之间不太融洽……所以，有很多事情不太顺利。

概括能力弱的人很容易这样表达，一直在喋喋不休地阐述自己的个人感受。这种汇报方式很可能会被直接打断，上司会说：“我不想听你读日记，直接告诉我成果。”

而概括能力强的人会首先设想上司想听到怎样的汇报。也就是说，他们会先设立目标，进而整理信息，以合适的形式进行阐述。

从“上司想听的报告”进行倒推，整理信息。

- 想听的报告①：M公司有哪些问题和难题。
- 想听的报告②：（外派员工）在M公司实施了哪些解决方案。
- 想听的报告③：实施解决方案后取得了哪些成果（效果）。

如上，按照上司的需求将信息进行分类整理，再按顺序整理好，就能呈上一份令人满意的工作报告。比如：

M公司主要有A、B两个问题【①】。针对问题A，我建议他们采用“○○”的解决方案【②】，半年后销售额增加到△%【③】。

针对问题B，我建议他们采用“□□”的解决方案【②】，半年后取得了“◇◇”的成果【③】。

这种表述就与之前的表述截然不同，全部是上司想知道的信息，而且顺序合理，很好理解。

如果再加上一句总结的话，比如在这半年派遣期间学到了什么、M公司有哪些值得学习的地方等，上司兴许会更加满意。如果按照上司想听的顺序排序，这些内容可以排在第4位和第5位。

无论你在派遣期间多么努力，工作多么出色，如果汇报时不能简明扼要地传达要点，便会让上司觉得你没有尽职尽责地工作。因此，我们需要事先了解清楚对方的需求，在此基础上认真整理信息。

关于派遣期间工作汇报的分类及优先顺序如下：

- 应该向M公司学习的地方→优先顺序5
- 派遣半年期间学到的东西→优先顺序4
- M公司存在的问题和难题→优先顺序1

- （派遣员工）在 M 公司实施的解决方案→优先顺序 2
- 实施解决方案后的效果（变化）→优先顺序 3

## 具体化分类，细致地整理信息

整理信息时，最重要的便是将信息分类。为了能随时提取所需信息，我们在整理阶段就要为每条信息贴上标签，分类进行整理。

例如，你整理办公桌，大概可以按照公司内部资料、公司外部资料，或者项目资料、客户资料等进行分类。再具体到客户资料，如果按照姓氏排序会让人更容易查询。如果没有分类，你查询资料时一定会遇到诸多问题，比如花费更多时间、精力去寻找，甚至找不到，进而影响工作效率。

整理信息如同整理办公桌上的资料，将相似的信息整理成一组尤为重要。

不会整理信息的人（概括力弱的人）总是不能及时地从大脑中提取必要的信息，结果往往给对方一些莫名其妙甚至错误的信息，令对方不知所措。

而擅长整理信息的人（概括力强的人）总是能迅速地从大脑中提取对方想要的信息，令对方满是欢喜，收获的尽是感谢、喜欢、信任。

假设你稍微懂点儿车，朋友 A 问你："我想买辆车，你觉得什么样的车比较好呢？这是我的第一辆车，自己使用，但我对车一窍不通。"这时你对 A 说什么、怎么说，就能反映出你概括能力的强弱。

概括力较弱的人会说："○○、△△等，都很不错，买你喜欢的就好了。"你在这里列举出的○○和△△并无共性，只是告诉了朋友 A 你个人喜欢的几种车。这样的建议方式对不懂车的 A 先生来说，其实并没有帮助。然而，概括力强的人，会根据对方的需求（比如问 A 先生对汽车有何要求），将自己了解的相关信息按照相似性分成几类。

为了让不懂车的 A 先生也能明白选择汽车的标准，你可以首先按照汽车类型进行分类。

**按汽车类型分类的例子：**

- 轿车
- 旅行车
- 小型面包车
- SUV（运动型多功能车）

- 微型汽车
- 小型汽车
- 跑车

如上所示，在脑海中将信息分类可以帮助我们完成高质量的输出。

如果A先生希望乘车区和后备厢完全分离，就推荐轿车；如果他想要3排座椅、可乘坐6人以上，就推荐小型面包车；如果他想要既方便又经济（比如考虑到耗油量和税金等），就推荐小型汽车。或者，聊天时你发现他喜欢户外活动，便可以推荐一辆越野（四轮驱动）SUV。综上所述，在满足A先生需求的前提下，最后给他类似于“我认为面包车最适合你”这样的具体建议，这样便可称为合格的即兴咨询。

那么，除了汽车类型，如果你还知道更多的信息，又该如何进一步给予A先生建议呢？

得知A先生对小型面包车感兴趣后，你可以更加具体地进行概括。也就是将小型面包车分类，以找出最适合A先生的类型。

**小型面包车可分为：**

- 高级小型面包车
- 家用面包车
- 迷你面包车

如果对方预算充足，想要大排量发动机、高配置，以及追求品牌价值等，毋庸置疑，高级小型面包车再合适不过了。然而，如果对方预算有限，比起发动机的大小或者高配置等，更重视车的敏捷性和使用的经济性，你就可以推荐迷你面包车。

假如A先生对迷你面包车感兴趣，你再对不同厂家的迷你面包车进行比较。这时，你也要告诉他每种车的详细规格以及装备上的差异等（如果你知道的话）。

**迷你面包车的规格和装备等可分为：**

- 直开式车门或者侧滑门；
- 座椅可否折叠；
- 座椅可否完全放平；
- 是否是低地板设计（是否便于上下车）；

• 是否是混合动力车。

如果你连如此详细的信息都知道，便可以称为专业的汽车销售了。

我将如上这种对信息进行详细分类的思维称为具体化分类思维。只要掌握了这种思维方式，你就能随时提取所需资料、信息。

分门别类整理的原理与整理办公桌上的资料完全一样。首先，从分好组的资料（文件包）入手，从中找到相应的小组（文件袋），接着在这个小组（文件袋）中寻找更为细分的资料（文件夹）即可。

分门别类整理后，便很容易找到自己所需的信息

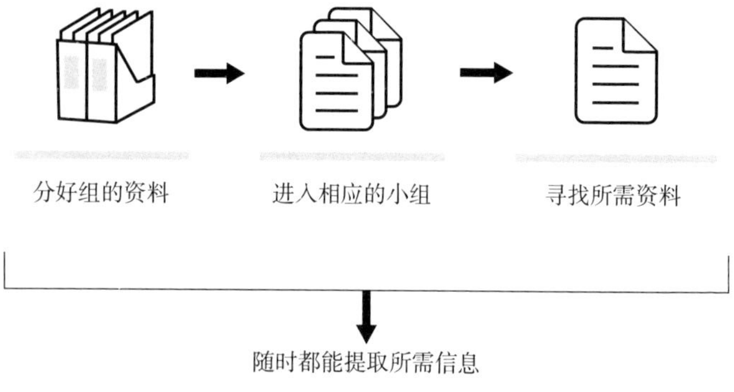

如果我们能够时常将信息先分成“大组”，再分成“小组”，整理得井然有序，那么在搜索相关信息时，我们就可以像在搜索框输入关键词一样，通过一次搜索从大脑中提取所需信息。

当你告诉自己的大脑“我想要 ×× 信息”时，为了能够获取该信息，你需要采取具体化分类思维来整理信息。为了强化具体化分类思维，我们需要在日常生活中有意识地将所有事物进行分类。

例如，你可以把看过的电影按类型分类：动作电影、喜剧电影、科幻电影、青春电影、温情电影、奇幻电影、恐怖电影、推理电影、音乐电影、爱情电影、悬疑电影、纪实电影、战争电影、历史电影等。如此一来，你的大脑就清晰地形成了涵盖不同电影类型的文件夹。之后，每看一部电影，你就只需将该电影放进相应的文件夹。

这其实很简单，只是从意识到分类而已。因为在意识到“《小偷家族》是一部温情电影”的瞬间，你就已经完成了分类（当然，“说”和“写”会强化记忆）。

如果目前你最想加强的是工作中的概括能力，就先将工作中的相关信息进行分类吧。

## 第二节 将信息按优先顺序排序

### 具体化分类时，按优先顺序排序

在锻炼具体化分类思维的同时，我们还要锻炼优先排序思维，即按照信息的重要性设定优先顺序。

比如，如果一个人想减肥，却经常吃拉面、意大利面、乌冬面、面包等含有大量糖类物质的食品，你就可以建议他少吃点儿含糖类物质的食品，并且告诉他："很多人通过坚持无麸质饮食成功减肥。"这样的建议方式可以说是非常好的。

然而，倘若你无法确定优先顺序，或者根本没有加以思考，就会容易给出一些偏离的建议，比如"先去健身房怎么样""试试加压运动法""我通过蒸桑拿瘦了 3 千克"等。这些建议并非完全不靠谱，只是对疑似因糖分摄入过多而发胖的人来说，并不理想。

如果按照针对性、重要性进行优先排序，毫无疑问，限制糖分的摄入、采用无麸质饮食应该排在所有建议的前面。即便舍弃九成信息，这两点也必须传达。

当然，如果有必要，在说完必须传达的信息之后，你可以再将其他信息按照重要性排序，一一传达。比如，减少含麸质食品摄入量的同时，配合下蹲运动，增强下半身肌肉力量，减肥效果会更好。因为人的肌肉大部分都在下半身，而肌肉运动可以加快人体的新陈代谢。然后，一边观察对方（如果他依然想听的话），一边补充说："也可以吃一些维生素 $B_1$ 类的营养品或者保健品。"

这样的建议就是根据以下的优先顺序推导出来的。如果对方还想听，可以再加上"优先顺序 4"的有氧运动（散步）。

- 优先顺序 1　重新调整饮食——控制含麸质类食物/坚持无麸质饮食；
- 优先顺序 2　肌肉运动——深蹲；
- 优先顺序 3　营养品——维生素 $B_1$；
- 优先顺序 4　有氧运动——散步。

如上所述，在概括信息的过程中，将信息分类后，按照优先顺序排序极其重要。反之，如果不遵守"分类→优先排序"的原则，就无法概括出让对方满意的信息。

能够随时满足对方需求的人都具备两种思维能力：一是整理信息的具体化分类思维，二是可以高效舍弃九成信息的优先排序思维。

为了提高这两种能力，建议大家在平时生活中加快做选择和做决定的速度。因为在做选择和做决定的过程中，我们或多或少都需要用到具体化分类思维和优先排序思维。比如，在餐馆快速点菜时，在收到别人邀请时迅速回答去或不去等。在做选择和决定时，刻意地压缩时间，也是在锻炼概括能力。

## 案例：概括客户投诉

假设有客户说你公司的打印机出现故障，你和客户的对话如下所示。

> 你："您好，有什么可以帮您？"
>
> 客户："这里是涩谷区的伊安咖啡店，打印机好像坏了。我换了墨盒，印出的文字还是断断续续的，完全不能用。我们每天都要打印菜单，真是愁死人了。黑色、蓝色、红色、黄色的墨盒，能换的都换了，还是不行。"

你：“请问您使用的墨盒是我们公司的正品吗？”

客户：“是的，我们一直都只用正品。”

你：“给您添麻烦了，实在抱歉。我想问一下，您使用的是什么机型呢？”

客户：“嗯……是 T322 pro，制造编号是 998080。打印机不仅印迹模糊，而且有时印出 1 厘米左右宽的白线。1 厘米太长了，印出的东西完全不能用。之前从未发生过这样的事。”

你：“原来如此，好的，我知道了。它有清洗墨粉喷头的功能，您试过吗？”

客户：“是的，我试过好几次，但没有任何变化。装墨盒时我也将胶带撕掉了。我想请您在今天之内修好，请问您能来吗？”

你：“好的，我会在向负责修理的部门确认之后再联系您。拨打您登记的店内电话号码就可以吗？”

顾客：“好的，那我等您的联系。我姓远藤。我们 18 点关店，19 点下班，希望您能在下班之前修好。”

你：“好的，我明白了。但是我要问一下修理部门，如果今天来不及，可能最快只能明天了，希望您谅解。”

客户：“啊，那就麻烦了。最晚可以明天早上9点来吗？因为我们上午必须打印菜单。”

你：“好的，明白了。请允许我确认之后再联系您。给您添麻烦了，请您稍等一下。”

对话结束后，你向负责修理的部门汇报情况。首先，我们看一下概括力弱者的表达方式。

涩谷区的伊安咖啡店来电说，店内打印机出现故障。他说，他清洗过墨粉喷头，墨盒的胶带也撕掉了，但是不知为何字迹依然断断续续、模糊不清……就是这样的事情。另外，他希望你今晚7点之前能过去修理。因为客人好像很着急，你最晚也要明天9点前去修理。而且，他说，打印机有时还会印出1厘米宽的白线，这是致命点。

很明显，上述表达不合格，因为它没有抓住要点。而且，没有抓住要点的最大原因是没有将通话信息分类。

最重要的信息——打印机的问题，“印迹模糊”和“印出1厘米宽的白线”也是分开陈述的。同样重要的一个信息——“更换了所有四种颜色的墨盒”，根本没有提及。相比之下，对负责修理的人来说，“顾客好像很着急”并非必要信息（意思也不清楚）。另外，“希望你……”“就是这样的事情……”这样冗长的措辞让人听起来拖拖拉拉。而且，“这是致命点”并不是事实，只是你的个人见解。如果你总是把自己的个人见解说成事实，就需要在概括之前先学会区别事实和见解。

能够以通话信息为基础做出合适的汇报的人，通常都能够运用“具体化分类思维＋优先排序思维”。以下是信息的分类。

**① 打印机的问题**

- 印字模糊；
- 印出 1 厘米宽的白线。

**② 打印机的用途**

- 每天都要打印店里的菜单，客户因无法打印菜单而苦恼。

**③ 打印机的机型**

- T322 pro，制造编号为 998080。

**④ 客户尝试过的对策**

- 四种颜色的墨盒（正品）都更换了；
- 试过墨粉喷头的清洁功能；
- 将墨盒的胶带撕掉了。

**⑤ 客户的维修要求**

- 希望今天 19 点之前修理（因为客户 19 点下班）；
- 希望最晚明天 9 点来修（因为上午必须打印菜单）。

**⑥ 客户的联系方式**

- 登记的伊安咖啡店电话号码。

如上，在收集完信息后，我们要下功夫将碎片化的信息进行分类整理，即运用具体化分类思维。此外，在分类结束后，我们要明确输出的优先顺序，即运用优先排序思维。

- 优先顺序 1　③打印机的机型——T322 pro；
- 优先顺序 2　①打印机的问题——印字模糊、印出 1 厘米宽的白线；

- 优先顺序 3　④客户尝试过的对策——四种颜色的墨盒（正品）都更换了，试过墨粉喷头的清洁功能，将墨盒的胶带撕掉了；
- 优先顺序 4　⑤客户的维修要求：希望今天 19 点之前修理（因为客户 19 点下班）；希望最晚明天上午 9 点来修（因为上午必须打印菜单）。

在此，可以不汇报的信息是“②打印机的用途”和“⑥客户的联系方式”。这些是负责修理的人不太重视的信息。

这样有意识地在抽象信息和具体信息的基础上对信息进行分类，明确优先顺序，便能完成准确地输出。

然后，我们看一下概括能力强者的表达。

涩谷区的伊安咖啡店来电说，T322 pro 打印机出现了故障。四种颜色的墨盒全部更换了正品墨盒，但打印机依然印字模糊，而且时不时印出 1 厘米宽的白线。客户还尝试了墨粉喷头清洁，也将墨盒的胶带撕掉了。对方希望在今天 19 点之前修理完毕。如果不行，也希望明天上午 9 点前去店里修理。

以上阐述与之前阐述的区别一目了然，这一阐述没有多余的信息，要点明确。优先顺序靠前的“打印机的问题”和“客户尝试的对策”毫无遗漏，并且传达了客户希望修理的时间。

因为概括力强的人很少失误和犯错，所以于对方而言，这是在推进自己的工作，这样的人是值得感谢的存在。因此，他们也会受到周围人的重视。

## 信息具有实时性，要注意更新

如今，现代化社会瞬息万变，信息老化和僵化的速度在不断加快，保质期也越来越短，因此我们要保持随时更新。信息也是一种生物，每时每刻都在变化、进化。

以过期信息为依据的输出，会给人一种过时或者没有依据的感觉。甚至有些信息的新鲜度稍微降低，就很难取得既定效果或成果。例如，在同样的条件下，再次尝试五年前成功的营销方法 A，收益却比五年前少了三分之一（这种情况非常常见）。

概括力强的人，此时会更新对营销方法 A 的评价。他可以选择将营销方法 A 作为“过去的方法”暂时封存，也可以在对这次的结果进行验证、分析后，尝试对其更新，以“营销方法 A 的 2.0 版本”做出调整后再次使用。这才是概括信息的正确处理方法。如果仅以“五年前的成功”为由，便毫无变动地继续使用，不对其做出新的评估和调整，那就是极其危险的。因为当你轻视最新结果（最新信息）时，你就脱离了概括的过程。

意识到“信息是生物”的人，会按以下步骤处理每条信息。

步骤①：设定假说——该信息是否有效；

步骤②：实践步骤①中的假设；

步骤③：验证步骤②的实践结果；

步骤④：根据步骤③的结果修改信息。

如上，反复进行“假设→实践→验证→修改”，就能完成信息的升级处理，维持并提高信息的质量，也会提高信息的可信度。

# 第四章

## 步骤三：传达信息
## ——简明扼要地将信息传达给对方

## 第一节　详略得当、有条理地传达信息

### 说话不多不少，恰如其分

完成第一步收集信息和第二步整理信息后，便到了第三步——传达信息，即告知他人。这一步看似简单，却有很多人不能很好地完成。好不容易收集到了绝佳信息，并且将信息整理得井井有条，如果不能很好地走完最后一步，实在是可惜。

不善表达的人往往具有某个特征：要么话太多，要么话太少。

话太多，其实是在剥夺对方的时间。如果别人经常对你说："明白了，明白了，那你想说的重点是什么？""那结

论是什么？”“不用说这些了，主题是什么？”那就意味着你是经常剥夺别人时间的话太多派。

这类人要想摆脱“话太多”的标签，就必须有这样的觉悟：只说自己“无论如何（即使到了生命的最后一刻）都要说的话”，其他的只字不提。为此，他们还需要提高信息整理的质量（即将分类后的信息按优先顺序排序），在脑海中将信息整理得一清二楚。如此一来，不仅便于自己选出“无论如何（即使到了生命的最后一刻）都要说的话”，还可以让自己在传达信息时更加自信。

反之，“话太少”则意味着没能给予对方充分的信息。如果别人经常对你说：“嗯，什么意思？”“嗯？什么事？”“谁说的？”“什么时候的事？”“能不能再具体一点儿？”这就意味着你可能是话太少派。

这类人说话时经常不说事情的前提、框架，或者忘记主语、宾语，造成对方不能很好地理解到位。也有些人认为只要自己理解即可，并不在乎别人是否能够理解。

如果你认为自己是话太少派，就要时刻注意两点：一是不要期待对方会想办法自己理解，二是随时加上主语、宾语。

## 切勿说冗长乏味的铺垫词

工作中，切勿说一些冗长乏味的铺垫词，因为对方想听的不是铺垫词，而是能推进工作，或者能创造业绩的、必要的有效信息。

辻课长："喂，倔，大阪那边怎么样？"

倔："嗯，我在，没问题……"

辻课长："有成果吗？"

倔："有的，我最先拜访了A公司的总公司，然后去了B股份有限公司和C商业公司。本来和D组织约好了面谈，结果他们当天联系我说因事取消，所以……非常遗憾这次没能完成和他们的面谈。但是我下个月还可以去神户，那时候我再……"

辻课长："所以，有什么成果吗？"

如果你平时说话像倔先生那样，那么很有可能你经常会让周围的人感到无语。辻课长的"喂，大阪那边怎么样"，其实是在问大阪那边取得了怎样的成果。可是，倔先生的回答丝毫没有涉及成果，只是汇报了一天的行动而已。其实，辻课长毫不关心这些。

听不懂问题的核心、答非所问，这些都是职场人的大忌。前者是信息收集能力低下，后者则是信息传达能力低下。换作客户或者商业伙伴，他们很可能会投诉你，公司信誉甚至会因此受损。

辻课长：“喂，倔，大阪那边怎么样？”

倔：“嗯，我在，这次我拜访了三家公司，其中B股份有限公司和C商业公司对我们的项目感兴趣，近期会请我们去做一个汇报。A公司希望我们先给出详细的商品数据，我会在本周内处理好。之后如果有需要，他们会考虑让我们前去汇报。”

辻课长：“好的，明白了，辛苦你了。那就继续拜托你了。”

很明显，上述表达没有啰唆的铺垫。倔先生领会辻课长的问题后，直截了当地传达了最重要的信息——在大阪取得的成果。

如果辻课长想要更简洁的回答，可以进一步概括，做如下回答：

倔："嗯，我在，这次我拜访了三家公司，有两家公司请我们前去做汇报。另外一家我正在积极交涉，争取也可以去做汇报。"

这种表述通过省略具体的公司名称，对汇报内容整体进行了压缩（稍微提高了抽象程度）。至于要概括到哪种程度，取决于辻课长想要获得多少信息。所以，我们要根据对方的需求，斟酌概括的量和抽象的具体程度。

### 按照"主干—枝—叶"的顺序

现实中，有些人会突然谈论起事情的某一小部分或者生活中的一些小插曲，也许这些琐碎正是他们现在想说的事情。然而，听者却不一定能够理解。如果没有相关信息储备，听者就更跟不上话题了，因为人们往往想先知道事情的整体。

## 对话示例 1

朋友："对了，银行批准了，这下我可以放心了。现在银行也越来越严格，这段时间真是让人忐忑不安。负责人真是个好人，多亏了他努力争取。"

因为你完全不知道他在说什么，只能无奈地与他对话。

你："啊，你在说什么？"

朋友："因为现在的房子太小了，我到处找房子啊。"

你："找？啊，是房子吗？"

朋友："是的，我在调布市找到了一栋新公寓。"

你："原来如此。所以你的银行贷款获批了……是这样吗？"

朋友："是啊！"

这个朋友因为自始至终处于兴奋状态，完全没有意识到自己的表达让人摸不着头脑。即使你问他："啊，你在说什么？”他还是接着说他想表达的内容——“因为现在的房子太小了……”，完全没有阐述事情的整体。

传达信息时的基本顺序是“主干—枝—叶”。“主干”是指整体，也就是“无论如何（即使到了生命的最后一刻）都要说的话”。“枝”和“叶”是“主干”的具体化内容，是详细信息。

- 主干——买公寓 / 银行贷款获批；
- 枝——现在贷款的审批很严格，所以我非常担心；
- 叶——负责人非常努力 / 我总算放心了。

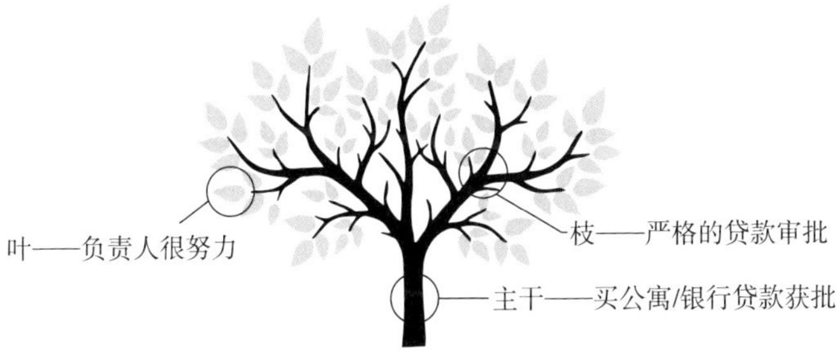


概括力强的表达方式

## 对话示例 2

朋友:“对了，对了，我决定在调布市买一栋新公寓。今天，我的银行贷款获批了。”

你:“哇，恭喜，恭喜!”

朋友:“谢谢，现在贷款审批非常严格，我一直很担心，这下总算放心了。银行负责人真是个好人，一直努力为我争取。”

你:“那真是太幸运了。”

这样的表述一开始便传达了“主干”，即无论如何（即使到了生命的最后一刻）都要说的话，再延伸到“枝”和“叶”，一目了然，井井有条。

相比对话示例 1 中只停留于表层的表述方式，对话示例 2 的表述方式极其扎实，证明了传达什么、按照什么顺序传达的重要性。

然而，讲笑话是可以从局部或者细节讲起的。比如，在松本人志的搞笑节目《不打滑的故事》中，艺人们几乎都是从具体的趣事开始讲述的，这就是俗话说的讲笑话。

讲笑话之所以可以从局部或者细节讲起，是因为笑点在最后。而且观众也会期待最后有什么笑点和究竟是什么有趣的故事。从细节讲起，才会引起听众一直听下去的兴趣，这是艺人应该具备的一种说话技巧。

可是，工作与之截然不同，几乎不允许闲聊。硬要说何时允许的话，大概是在聚餐时喝了酒的情况下。可能只有在这种情况下，同事之间才会毫无顾忌地讲一讲笑话，闲聊片刻。

## 第二节　用一句话概括的具体技巧

### 培养用一句话表达的习惯

要想加强概括性表达这一意识，就要在日常生活中培养用一句话表达的习惯。

- 公司的魅力是什么？
- 你重视的价值观是什么？
- 日本这个国家的优点是什么？

- 对你来说金钱是怎样的存在？

什么问题都可以，重要的是你能用一句话回答。久而久之，任何事情都可以用“无论如何（即使到了生命的最后一刻）都要说的话”来概括。这一句话便是事情的核心。只要养成任何事情都用一句话表达的习惯，你就能掌握事情的核心。

这与之前提到的具体化分类思维相反，用一句话表达是在训练抽象化思维。

例如，对于“公司的魅力是什么”这一问题，我们可能给出以下答案：

- 热情待客；
- 客户满意度和回头率高；
- 同事们齐心协力，喜欢这种团结向上的公司风气；
- 福利待遇优厚。

可是，这些都是公司魅力的碎片（具体信息）。要将这些碎片化的信息概括成一句话，就需要对它们进行归纳，并且进行抽象化处理。这里所说的抽象化，也可以说是在提取事物的本质。对于“公司的魅力是什么”，我们给出的一句话答案是：

我们公司对客户和员工都很好。

这样的抽象化处理是合格的。实际回答时，有意识地让自己用“无论如何（即使到了生命的最后一刻）都要说的话”来表达，告诉对方“我们公司对客户和员工都很好”即可。

如果条件允许，你再阐述具体信息，比如在服务方面，公司将热情待客做到了极致，创造了引以为傲的极高的客户满意度和回头率。而且，公司内部大家齐心协力、互帮互助，团结向上的公司风气让人非常舒服。此外，公司的福利待遇也非常优厚。这样的表达就遵从了“主干—枝—叶”的方式。

无论多么繁杂的信息，概括能力强的人都能用一句话传达出信息的要点。无论什么样的企划案，表达能力强的人都能用一句话传达出企划案的主旨。

假设上司问你：“这次项目的目的是什么？”你一张嘴却啰啰唆唆地讲一些社会背景，比如最近女性的生活方式变得多样化……一瞬间，上司就对你失望了。但是，如果你能一针见血地说出“目标是提升40多岁主妇们的认知”，一定会令上司满意。倘若上司需要更为详细地说明，你在说完这至关重要的一句话之后再说即可。

当然，有时要传达的信息多，很难用一句话概括。即便如此，也不要突然从背景或细节说起，而是要先向对方解释一下：“情况有点儿复杂，我一边整理（按顺序），一边讲。”有了这样的铺垫，听者就会安心，也更容易集中精力听后面的陈述（注意铺垫不要拖沓冗长）。这个铺垫本身也是用一句话很好地概括出了“自己还没整理好信息”的状态。

### “事件 + 结论优先”法

无论汇报、联络、商谈，还是报告、演讲等，所有商谈的场合都有一些固定的谈话技巧，“事件 + 结论优先”法便是其中之一。

- ① 事件（现在要讲的事情的全貌）
- ② 结论（想要传达的事情的核心）

- ③ 理由（为何得出此结论）
- ④ 详细（如何具体实施）

按照以上①—④的顺序传达事情，听众可以更好地理解。

阅读下文呈给上司的两份电视广告方案，便可看出“事件＋结论优先”法的技巧性。两份广告方案都是为了宣传一种新型的多功能包。这种包的设计是为了满足当前智能商务模式的需求，以下称该包为智能商务包。

**A 先生（无逻辑式地表达）**

我觉得现在很流行“空间碳酸水”（一种饮料名），我也很喜欢喝。虽然碳酸水整体的销量有所下滑，但是“空间碳酸水”的销量却一直在持续增长。喝一口“空间碳酸水”，那种快感简直绝了。说这么多，其实也只是我的个人意见，但我还是觉得它和新型的多功能智慧商务包很吻合。对了，因为这种碳酸水可以给人饱腹感，没时间吃午饭的时候喝它也很有用……

### B 先生（用“事件 + 结论优先”法表达）

【①事件】科长，关于新型的多功能包——智能商务包的广告制作，我有一个提案。

【②结论】与 C 公司的人气商品“空间碳酸水”合作怎么样？

【③理由】“空间碳酸水”很受职场人欢迎。将智能商务包和“空间碳酸水”结合，可以直接明确目标人群，满足需求。

【④详细】具体方案是：在男模特从智能商务包中取出笔记本电脑时，镜头拍到了他偷偷放在包里的“空间碳酸水”；或者，让模特右手拿着智能商务包，左手拿着“空间碳酸水”，潇洒地漫步于丸之内[①]。

A 先生表达时毫无逻辑，只是随心所欲地说出了自己想说的话。因为他自己都没有抓住信息的核心，听者自然

---

① 丸之内是日本有名的商业街。——编者注

更是一头雾水。如果上司发火抱怨根本听不懂他在说什么，似乎也在情理之中。而 B 先生使用了“事件 + 结论优先”法，条理清晰，令人信服。最重要的是，他清楚地阐述了这个广告想要表达的东西。

在 B 先生的表达框架中，最重要的便是“①事件”和“②结论”，因为先告诉对方“什么事”和“怎样的结论”，可以让对方抓住谈话的大纲。这两步其实就相当于“主干—枝—叶”中“主干”的部分。

另外，对“②结论”来说，“③理由”不可或缺。在结论后面附上合理的理由，可以保证表达的逻辑性，增加说服力。可以说，“③理由”相当于“主干—枝—叶”中“枝”的部分。

而“④详细”便相当于“叶”的部分。在这一部分，我们可以阐述具体例子、感受、事情等，也可以加入相关数据或者补充事项。与①—③相比，④的约束性更少，自由度更高。

如果还要进一步深入讨论，可以继续按“详细 1→详细 2→详细 3”的顺序阐述。以下便是一个例子，假设 B 先生接着阐述详细 2、详细 3。

【详细 2】顺便说一下，广告代言人的第一候选人是在电视剧《×××》中饰演金牌推销员的年轻演员佐伯健太郎。他不仅女性观众缘好，也深受男性观众喜爱，这一点也和这款产品非常吻合。

【详细 3】另外，关于广告制作，我们正在考虑邀请年轻影像创作集团 Starfish 的摄影师和影视导演参与制作。

反之，设想一下，如果从细节开始阐述会怎样呢？恐怕上司会因抓不住要点而头疼。

其实，不仅是在工作场合，很多概括力强的人在日常生活中也习以为常地使用“事件 + 结论优先”法。

说到今天的午餐（事件），我们去吃车站前面的那家山田套餐吧（结论）。据说，今天好像是那家店开业 5 周年纪念日，所有套餐一律 500 日元（理由）。那里的生姜烧套餐好吃得不得了（详细 1），客人还可以免费加米饭和味噌汤，真是太适合正在长身体的我们了（详细 2）。

如果你说话总是跑题，或者总是前言不搭后语，又或者别人经常听不懂你在说什么，就请养成用“事件+结论优先”法说话的习惯吧。

## 列举法

我们再来介绍一个工作中经常使用的谈话技巧——列举法。在需要整理并且传达多个信息时，该方法经常被使用。

① 整体情况（有几个要点）；
② 列举 1（第一个要点是什么）；
③ 列举 2（第二个要点是什么）；
④ 列举 3（第三个要点是什么）；
⑤ 总结。

列举法最大的特点是，首先说明整体情况，而且说明整体情况时一定要明确表明要传达几个要点。要领如下：

- 这个问题有两种解决对策。第一个是……

- 我想向柏木先生做两个汇报，一个提案。首先，第一个汇报是……
- 这项服务对会员有五个好处。第一个是……

以下举个例子，在会议上提出关于合宿[①]式新人培训的方案。

## A先生（无逻辑式地表达）

如果是合宿式新人培训的话，新员工无须每天回家，所以对上学时经常熬夜、生活不规律的人来说，这样不是很好吗？这不仅便于大家今后相互切磋，还能拉近大家彼此之间的距离，帮助大家高效率地学习所需知识，养成早睡早起的习惯。按照规定的日程，大家同吃同住。如果在公司会议室培训的话，环境嘈

---

① 合宿是日本常见的一种集训形式，即共同寄宿的意思。多见于日本社团活动，比如为了能在接下来的比赛中取得好成绩，大家利用一段时间的休假，在社团领导人的组织下，一起去某个地方进行封闭式培训。——编者注

杂，大家容易分心，而通过同吃同住，大家可以拉近彼此之间的距离，增强集体感。

B 先生（用列举法表达）

【①整体情况】以合宿形式进行新人培训有三个好处。

【②列举 1】第一个是新员工可以高效地学习工作所需的知识。在公司会议室进行的话，环境嘈杂，大家容易分心。而且每天回家后注意力会下降，大家很难静下心来学习。

【③列举 2】第二个是在规定的日程设置和时间管理下，新人可以有规律地生活，这可以帮助很多上学时生活不规律的人养成正确、良好的生活习惯。

【④列举 3】第三个是加深同期同事之间的友谊。同吃同住可以拉近距离，增强集体感。这也有利于大家在今后的工作中互相帮助，相互切磋，彼此交流。

【⑤总结】综上所述，我建议以合宿方式进行新人培训。

对比之下，A 先生的阐述虽然也包含了所需信息，但是没有经过整理，导致听者很难理解。因为 A 先生没有考虑阐述的顺序，只是按照自己喜欢的方式说了一通而已。

而 B 先生使用列举法，先说明“有三个好处”这一整体情况，再针对每个好处展开具体说明。从对方的角度来看，最先听到的表示整体情况的好处就有三个（产生安心感），着实吸引人。而且之后关于每个好处的阐述也是经过整理加工的，很好理解。

当然，我们需要事先整理好要说的信息，才能完成开头部分整体情况的说明。这便需要运用“具体化分类思维 + 优先排序思维”。倘若没有整理好信息，我们就无法使用列举法，进而导致内容涣散，遗漏或者产生多余信息等。

另外，这种列举法也经常用于提问和确认的场合中。

例如，先说“我有两点需要确认一下”，然后说“第一点是……”，这样会方便对方做好回复的准备。反之，如果没有事先的整体情况说明，而是突然开始问问题，又在问完一个问题之后突然说“接下来我还有一个问题”，就会让对方感觉不舒服。

需要补充一点的是，虽说列举法非常方便，但我们要注意列举的数量。如果列举的数量太多，对方就无法全部接收。而且每个要点都会被稀释，导致对方记不住。因此，我建议口头传达时列举 3~5 个要点，书面传达时最多 7 个。

掌握列举法传达事情，会让人觉得“你很会整理信息”“你工作能力很强”，更加容易让你赢得他人的信任。综上，我建议大家将前面介绍的“事件 + 结论优先”法和本节介绍的列举法结合起来，灵活应用于生活与工作中的各种场合。

## 第三节　清晰、准确表达的技巧

### 什么是模糊的表达

在英语和中文的表达中，主语后面马上有谓语，比如“I like this way”（我喜欢这种做法），意思相当明确。然而，日语中常常会有一种兜圈子的表达方式，比如：“对于这种做法，我有点儿想法，虽然很难断言这种做法好还是不好，但我个人是不讨厌的。”我也无法评价这种表达是好还是坏，但是不可否认，这便是日语的特征。但是，我们要知道，所有工作中的判断都要逻辑清晰，决策都要干脆利落。

**常见模糊的日语表达**

- 感觉是 ××
- ×× 也不一定不做【“不……不……”的双重否定】
- 有点儿像 ××
- 我想会不会是 ××
- ×× 的感觉吧
- 好像也有 ×× 的事
- （适当地 / 姑且 / 稍微 / 暂且 / 总觉得 / 很小程度地 / 差不多正好地）×× 一下

当然，我并不是指绝对不能说以上这些话。“模糊表达”可以避免人际矛盾，减少与亲朋好友之间的冲突。而且诸如文学、电影、艺术作品等的表达，也时常需要委婉的方法。

然而，本书讲的是工作场景中的输出，而工作场合要求的是快速、明了。

从商业洽谈到汇报演示，在各种工作中毫不模糊、总能简单明了地传达事情的人，经常可以掌握现场的主动权，并且有很强的存在感。

## 使用数字与专有名词

“科长，明天人会少一点儿，时间怎么办？”

这是概括力较弱者的说话方式。

明天有什么事？“一点儿”是指多少？“时间怎么办”是什么意思？这样的表达让人很难理解你在说什么。科长可能一听就会发火。

“科长，明天的营销会议，因为参加者少了2人，现在共有5人参加。原定时间是从11点到11点半，可以吗？”

只要将事情详细说明，科长应该就不会生气。这种表达方式与前者有两点区别：

①弥补了“话太少”的缺点；

②使用了“数字”和“专有名词”。

只要意识到这两点，你就能大幅度提高信息的传达效果。

“机场离这里有点儿远。”

“从羽田机场坐出租车到这儿大概需要 20 分钟。”

“搬运地址变了，能帮我好好调整一下吗？”

“公司内部报纸的搬运地址从会议室 A 改到仓库 C 了，请联系负责人员。”

“会有不小的损失吧。”

“最多损失 2000 万日元吧。”

“如果您能尽快送来就太好了。”

“如果您能在 6 月 3 日（星期五）中午之前送来的话就太好了。”

“我们公司迅速推进了全球化。”

“我们公司仅用 3 年时间，就将教育系统导入了以东南亚为中心的9个国家。”

“那个问题不解决的话，就麻烦了。”

“如果不将群马县的工厂开工率提高30%以上，商品就供应不上了。”

一些不擅表达的人总是误以为“自己知道的事情对方也知道”。实际工作中，我们尤其要有意识地积极补充信息，使用数字和专有名词。

无论你的概括多么正确，如果对方不理解，便毫无意义。所以，不要过于相信对方的能力（知识水平、理解能力、想象能力等），也许稍微怀疑一下才能做到恰到好处的调整。

### 确认对方清楚地接收

在传达给他人某种信息时，我们需要注意对方是否理解了。因为如果对方没有理解（或者误解），那就意味着你传达失败。

避免和减少这种事情发生的方法便是确认。

- 关于以上谈话，是否有些不太好理解的地方？
- 关于 ×× 的事情，您有什么不明白的地方吗？
- 关于以上事情，您有什么疑问或问题吗？
- 关于 ×× 的事，您理解了吗？

销售员："这个样板房按照标准配备了各种各样的 IoT（Internet of Things，物联网）家电，今后估计会有更多这样的楼房。"然而，客户并不明白什么是 IoT 家电，所以有点儿郁闷。可是销售员仍然在继续讲解，这便加重了客户对销售员的不满。

其实，生活中有很多这样的沟通障碍。倘若销售员及时注意到了客户的不理解和不满，就应该立刻采取补救措施，向对方确认。如下所示。

销售员："这个样板房按照标准配备了各种各样的 IoT 家电。对了，您知道 IoT 家电吗？"

顾客："我不知道。"

销售员："IoT 家电是指可以连接互联网的家电。例如，将智能手机作为遥控器，操控各种家电，管理它们的运行。”

像上述这样，在关键时刻向对方确认，可以切实有效地保证“对方听懂了你的话”。

确认时，如果对方说“不知道”“不太知道”“不太了解 ×× 的事”“×× 是什么”“我倒是听说过，但是……”等，你就需要针对该内容做一些适当的补充说明。

当然，如果对方明白了，你还不厌其烦地确认的话，也会让人厌烦。所以，这就要求我们不仅要注意听对方的回复，还要注意观察对方回应时的样子，留意非语言（表情、语调、态度等）方面的信息。

## 回答问题的瞬间概括力

日常会话中，有时需要瞬间概括力，尤其是对方问你问题时，你需要迅速开动大脑，收集信息（看清问题核心）、整理手头信息、传达信息。

实时对话能考验一个人真正的概括力。以下是一名腰痛治疗仪的销售负责人与顾客的对话。

顾客："使用这个电磁治疗仪时，手上不能拿什么东西吧？"

销售负责人："不，没关系的。"

顾客："真的吗？还可以玩手机吗？"

销售负责人："啊，手机的话……有时候可以，有时候不可以。"

顾客："什么意思？"

销售负责人："治疗腰部以下的部位时，电流是不通过手部的，所以可以玩手机。"

顾客："原来如此……那读书呢？"

销售负责人："书是随时都可以看的。"

顾客："不会发麻吧？"

销售负责人："是的，不会发麻。"

你是否也曾经像这位销售负责人一样，有些不耐烦地回答别人的问题呢？类似这样的对话，重在看穿对方问问题的意图，然后准确地回答。

比如这位客人的第一个问题是："使用这个电磁治疗仪时，手上不能拿什么东西吧？"对此，我们要一次性给出他想要的答案。但这位销售负责人先是说“不，没关系的”，接着又在后面说了不可以的情况……显然，这样的回答方式不太好，是不善于概括的一种体现。

顾客：“使用这个电磁治疗仪时，手上不能拿什么东西吧？”

销售负责人：“要看您拿什么。比如手机等电子设备，在治疗腰部以下部位时可以使用，但是在治疗腰部以上部位时，因为会有微弱的电流通过手指尖，很可能会对手机造成影响，所以不能使用。非电子设备，比如书或杂志等随时可以使用。另外，请放心，您不会有发麻等感觉。”

以上便是理想的回复方式。这样回复，对方也会一下子明白并感到满意。对话也只有一个来回，清楚明了。

掌握问题的要点，并且准确地给予回复，需要具备以下两种能力：

① 正确解读对方问问题的意图；

② 正确回答对方的问题。

两者缺一不可。

要想准确地提供对方所需的信息，就必须最大程度地发挥这两种能力。无论你掌握了多么优质的信息，如果无法理解对方问问题的意图，或者无法准确回答对方的问题，这些信息便毫无意义。

另外，回答问题时，绝对不能先说一些冗长乏味的铺垫或背景，比如“其实这个电磁治疗仪有一个有趣的特征……”，最后才回答关键问题。在这个案例中，对问题的直面回应，便是“无论如何（即使到了生命的最后一刻）都要说的话”。如果兜圈子，会让人怀疑“这个人会不会不知道”以及“这个人是不是在骗我”，所以一定要注意。但倘若你实在回答不出来，就要如实告诉对方：“非常抱歉，我不太了解，所以不能马上回复您。请允许我回去调研一下再给您答复。”如果敷衍了事、含糊回答的话，很可能会信誉扫地。

## 第四节　更好地传达信息的技巧练习

### 概括文章大意练习

对书、新闻、资料中的报道和文章进行概括，也是一种锻炼概括力的好方法。

请试着将下面这篇1000字左右的新闻报道，用200字概括出来。

【新型冠状病毒】随着全面停课，适合亲子阅读的历史书销售额上升4～6倍，为何其需求猛增？（2020年3月发布 / 钻石·在线）

① 我们一度担心新型冠状病毒会对经济产生哪些影响，然而除口罩和厕纸外，又有其他商品的销售额急剧上升，这着实让人意外。它们便是在小学、初中、高中临时停课后，很多父母和孩子涌入书店购买的儿童书籍和学习参考书。

② 其中，最受欢迎的是使用了大量漫画和插图的搞笑历史书。比如，钻石社出版的《东大教授为您讲述糟糕的日本史》描述了很多“糟糕的”历史故事，其中就说到创建江户幕府的德川家康，曾经因为害怕战争而大便失禁。2月28日，在文部科学省向教育委员会发出停课通知后，该书当天的销量便比前一天的翻了一倍，29日翻了四倍，钻石社临时决定加印2万册。

同一系列的《糟糕的世界史》也决定加印 1 万册。这一系列的历史书累计销量达到 46 万册。

③ 钻石社负责营销的工作人员说："我觉得父母们买书是因为怕孩子不能出去玩而整日沉迷于游戏、视频网站等，想让他们通过读书多少学习一些知识。另外，我还听说因为学校停课，很多父母将孩子交给爷爷奶奶照顾，买一些有趣的历史书，爷爷奶奶便可以和孩子一起边看书边玩耍。"

④ 面向儿童的历史漫画中，实业之日本社的《猫猫日本史》销量最为惊人，其 2 月 29 日的销售额是 2 月 27 日的 6 倍。这本书以"如果日本史上的伟人都是猫的话"为创作理念，将圣德太子、织田信长、坂本龙马等人描绘成可爱的猫。这是一部销量累计达到 100 万册的人气漫画。现在，NHK 教育频道正在播放它的动画片版本。2 月 22 日，电影院也上映了剧场版的长篇动画片《猫猫日本史——龙马的一塌糊涂时间旅行！》。

⑤ 实业之日本社的编辑负责人说："为了配合 2 月份剧场版的公映，我们也在各书店设置了书展。听说很多父母为了让停课的孩子不感到无聊，会购买 1 ~ 8 全

集套装。《猫猫日本史》中的角色因为都很可爱，所以深受孩子喜欢。但其实在大人们看来，书中也有很多关于历史的搞笑的段子，所以很多大人也很喜欢看。也有些家长想趁这个机会让自己的孩子喜欢上历史。在粉丝寄到我们编辑部的信中，很多父母说因为《猫猫日本史》，自己和孩子都喜欢上了历史，开始喜欢看大河剧[①]，喜欢逛古城。”

⑥《东大教授为您讲述糟糕的日本史》和《猫猫日本史》基本都是以搞笑为主，几乎每一页都有一个笑话。通过构建共同的兴趣爱好，家长与孩子可以加强亲子关系，一起开怀大笑也能提高免疫力，或许还可以帮助我们克服终日在家的压力。

在概括文章时，我们需要注意文中提到的“在哪里”“什么事”，尤其是媒体报道，一般都会在开头设置导语，而很多导语本身便是整篇文章的概括。这篇媒体报道的开

---

① 大河剧，即长篇历史电视剧。这个名词由日本创造，是日本 NHK 电视台自 1963 年起每年制作一档的连续剧的系列名称。——编者注

头部分便是导语。下面我们一起来概括下段落①至段落⑥的要点。

①：儿童书、学习参考书正在热销。

②：开头部分——最受欢迎的是使用了大量漫画和插图的搞笑历史书。

②：中后段部分——实际例子，第一本书是《东大教授为您讲述糟糕的日本史》。

③：实际例子，解释《东大教授为您讲述糟糕的日本史》畅销的原因（负责人说的话）。

④：实际例子，第二本书是《猫猫日本史》。

⑤：实际例子，解释《猫猫日本史》是一本怎样的书（负责人说的话）。

⑥：实际例子中的第一本书和第二本书都以搞笑为主，每页都有笑话，可以加强亲子关系，提高免疫力。

以上这些是大致的要点。接下来我们根据要求的概括字数，思考要填充的内容。

以下是约 200 字的摘要：

受到新型冠状病毒的影响，各小学、初中、高中临时停课，很多父母和孩子涌入书店，儿童书籍和学习参考书销售火爆。

其中，最受欢迎的是使用了大量漫画和插图的搞笑历史书。这些书都以搞笑为主，几乎每页都有笑话。

父母和孩子一起开怀大笑，可以加深感情，提高免疫力等，或许还可以帮助我们克服终日在家的压力。

以上摘要中几乎没有涉及段落②的中后段到段落⑤中的具体例子，因为“具体例子＝枝叶”。字数受限时，原则上要先去掉“枝叶”。那么，如果把概括的字数增加一倍，即400字的话，又该如何做呢？这种情况下，我们就需要填充“枝叶”，即加上具体的例子。

受到新型冠状病毒的影响，各小学、初中、高中临时停课，很多父母和孩子涌入书店，使儿童书籍和学习参考书销售火爆，而最受欢迎的是使用了大量漫画和插图的搞笑历史书。

其中，钻石社的《东大教授为您讲述糟糕的日本史》中描述了很多“糟糕的”历史故事，比如创建江户幕府的德川家康，曾经因为害怕战争而大便失禁……这本书2月28日的销量便比前一天的翻了一倍，29日翻了四倍，钻石社临时决定加印2万册。

另外，实业之日本社的《猫猫日本史》将圣德太子、织田信长、坂本龙马等人描绘成可爱的猫，一举成为销量累计达到100万册的人气漫画。其2月29日的销售额是2月27日的6倍。

这些书都以搞笑为主，几乎每页都有笑话。父母和孩子一起开怀大笑，可以加深感情，提高免疫力等，或许还可以帮助我们克服终日在家的压力。

下划线标明的地方便是新加的主要内容。我们按照优先顺序排序后，选择了“②（实际例子中第一本书）”和“④（实际例子中第二本书）”这两条信息。而③和⑤都是负责人说的话，无论是200字的概括，还是400字的概括，都没有涉及这两部分的内容。因为按照信息的优先顺序，这两部分的排序都靠后。

听到“概括”一词，可能有人认为它指的是必须从整体中全面收集信息。其实这是一个很大的误解，因为概括应该按照“主干—枝—叶”的顺序。

如果是专业记者或编辑写的新闻报道，主干、枝、叶会比较分明，所以这类内容很好概括。但是，工作中却时常出现有些连文字本身都没有整理好的文章（尤其是没有概括能力的人写的文章）。这样的文章有时甚至不能按照段落去概括。遇到这种情况，我们就需要一边仔细阅读文字，偶尔发挥一下想象力将字里行间的空白补充完整，一边解读主干、枝和叶。

### 图表法

绘图和制表也需要概括力，因为图表也是传达信息的一种方式，而且能够更清晰易懂地传达信息。

请看下面的文字。

> 说到沟通方法，主要有面对面、写文章、打电话这三种形式。其中，要想进行非口头交流，就只有通过文章的形式进行；如果想观察对方的表情，就只有通过面对面的形式进行。文章内容并不复杂，但是有人会再读一遍，以确认信息。

为了说明以上这种情况，我建议使用图表法。图表是通过图片或表格的形式阐述事物之间的关系。图表的使用只需能让人一目了然地看出概要即可。比如，与上述的文字信息相比，很显然下面的表格更加清晰明了，也更容易理解。

**沟通的三种形式**

| | **口头方式** | **书面方式** |
|---|---|---|
| **看得到对方表情** | 面对面交谈 | |
| **看不到对方表情** | 电话 | 文章 |

使用图表法，除了要完成从收集信息到整理信息，还要正确掌握信息之间的关联，特别是在整理信息时你必须对信息进行分类，以明确不同信息之间的关系。比如：

- 口头方式：面对面、电话；
- 非口头方式：文章；
- 看得到表情的方式：面对面；
- 看不到表情的方式：电话、文章。

前一页的表格就是将整理后的文字信息用表格形式表达了出来。

使用图表法是为了更加简明易懂地传达信息，所以，复杂、难懂的图表不仅会让人感到不舒服，也违背了使用图表本来的目的。因此，在制作图表时，我们要注意形状和配色，优化理解度。

### 说话条理练习

在工作中，对某事或某物进行说明、讲解时，尤其要注意逻辑性，即明确说话的条理。比如，在电视烹饪节目中，现场演示者只有简单易懂地讲解烹饪的步骤，观众才能按照同样的步骤做出同样的料理。工作中，我们往往需要说明很多事情，从表达是否有逻辑、有条理中，就能看出一个人是否会表达。

我先考考你。请看下图，试着用文字说明从起点（家）到终点（医院）的路线。如果别人按照你的说明能够一口气顺利地到达终点，就说明你的表述很好。

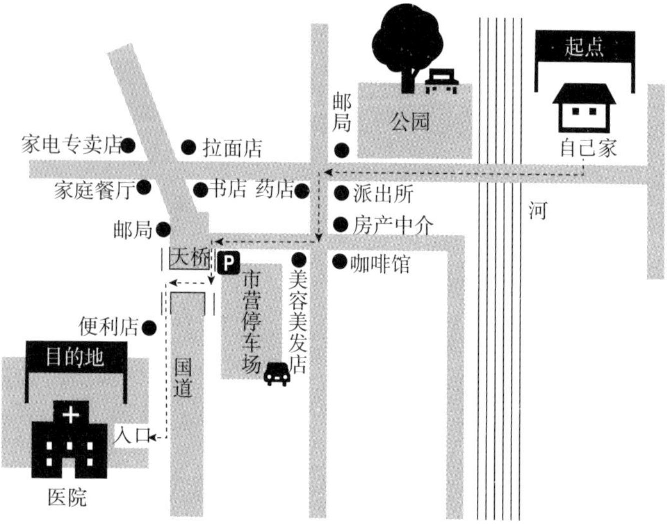


从起点到终点的路线

从家里出门后往右走，过了河，看见右手边的公园后继续往前走。公园前面有一个十字路口，你的右手边有个邮局，在这个十字路口左拐。继续往前走，到达左手边有个房产中介的十字路口后，在这个十字路口右拐。左手边看到市营停车场后直行，走到大国道后左拐。然后穿过眼前的天桥，来到国道的另一侧，从能看到便利店的那一侧楼梯下来，再一直直走，过了便利店后，右边就是目的地——医院。

为了能简单易懂地说明路线，请切勿操之过急。从A点引导到B点后，再从B点到C点，依此类推，循序渐进才是关键。每到拐弯处，你都要问一下自己：“拐弯的地方有什么标志？”随之告诉对方，以免遗漏重要信息。

例如，杂货店前后各有一条路时，如果只说“拐到杂货店的那条路”，别人就会产生困惑：杂货店的哪条路？前面还是后面呢？这种情况下，就必须要告诉对方：“拐到杂货店前面（或者后面）的那条路。”

另外，除了明确说明往哪个方向拐弯，写明左右会更好。比如：“在杂货店前面（或者后面）的那条路向左拐。”

接近目标时，如果能告诉别人大概的距离或时间就更好了。比如，“再走300米左右”“再走3分钟左右，就能看到高速公路”，等等。另外，你也可以首先说明一下整体情况，比如“这里距离目的地大约2千米，步行需要15分钟左右”。

如果你以为好的说明文应该全写对方不知道的信息，

那你就大错特错了。把对方知道的信息刻意地写出来，也是对他的一种温柔的提醒。要想做一份精彩的说明，就绝不能有“这个不用写（不用说）他就知道吧”之类的天真想法。是人都会犯错，这就要求我们慎重，再慎重。我们要站在对方的立场上，尽可能具体地传达，甚至可能让对方觉得有点儿啰唆。

另外，我们还可以先口头讲，再写下来。口头讲解就像打草稿，有助于写出更好的说明文。这种先说再写的方法可以用于所有的文章写作。通过口头表达，传达者不仅可以确认自己是否完全理解（是否有遗漏之处），还可以加强对整体流程（结构）的把握。

除了“路线说明练习”，还有几种练习说明文写作的方法。下面列举了一些题目，我们逐一看一下。

① 书面描述房间的布局。

② 书面描述做菜的步骤。

③ 选择手机里的一张照片，说明照片的内容。

如果你能让读者通过阅读说明文①正确地想象出房间的布局，通过阅读说明文②做好这道菜，通过阅读说明文③准确地想象出照片里的事物，你就成功了。可以试着做做这个游戏，轻松练习一下。

### 抽象化概括

传达信息，有时需要抽象化概括。比如，你的朋友森田从超市回来后对你说：“我今天在超市买了做火锅用的大葱、白菜、胡萝卜、香菇、杏鲍菇等。”而你作为中间人把森田的话传达给别人时，倘若能够理清这些火锅食材的关系，比如“大葱、白菜、胡萝卜 = 蔬菜，香菇、木耳 = 菌类”，就可以有两种表达。

### 1. 抽象化概括

听说森田今天在超市买了做火锅用的蔬菜和菌类食材。

### 2. 进一步抽象化概括

听说森田今天在超市买了火锅食材。

举一个工作中的例子，以下是一名下属向上司汇报当天工作时说的话。

> 今天，我联系了各赞助商，在打电话向A公司负责人说明了远程项目变更的地方之后，又通过线上会议的方式向B公司负责人说明了远程项目变更的地方。之后，我又按约定将25箱商品运到D公司仓库，完成交货。然后去了C公司，向负责人说明了远程项目的事。

这样的表达过于具体，给人一种冗长乏味的感觉。也许有的上司喜欢这种具体的汇报，但如果是喜欢简洁汇报的上司，你便万不可采用这样的表达方式。

那么，再看一则简洁的汇报。

> 今天，我分别向三家赞助商的负责人说明了远程项目变更的地方，还如约将25箱商品交至D公司仓库。

怎么样？这份汇报将A公司、B公司、C公司概括为“三家赞助商”。之前出现3次的“远程项目”和“负责人”也只用了1次，这样的表达不仅用词少了一半，也更加简明易懂。

当然，保留什么程度的具体性（或者提高抽象性），取决于对方想要的抽象程度。如果太过于追求简练，结果抽象到“今天的工作也很顺利”，上司很可能会让你“说具体点”。这就要求我们时常在抽象信息和具体信息之间寻找一个最佳平衡点。

### 比喻法

很多概括力强的人也是运用比喻的高手。

例如，当你告诉对方他的所作所为非常愚昧无知，而他依然固执己见时，你就可以使用以下这种比喻。

> 你这样做，简直就是穿着短裤和木屐去登富士山。

这个比喻并没有使用“无知”这个词，但已经很好地传达出了“无知”的意思。有些事情很难用道理讲清楚，但是可以通过比喻形象地表达出来。这也是一种信息概括。

那么，如何用比喻表达“不够”的意思呢？下面这句可以说是相当形象了。

> 就像吃凉拌豆腐没有酱油一样。

再来看一个例子，“艺人和经纪公司是相辅相成的关系”，这个说法怎么样？很微妙吧，给人一种似懂非懂的感觉。

然而，以下这个比喻句，会让人一下子明白“原来是这样的关系啊”。

> 艺人和经纪公司的关系类似于螺丝和螺母，就单个而言，是没有价值的。二者的关系就像螺丝需要螺母，螺母需要螺丝那样。

那么，如何使用比喻呢？以下是使用比喻的要点：

① 找出与原事件本质相同的比喻对象；

② 这个比喻对象必须是对方知道的东西；

③ 这个比喻对象最好是可以图片化、影像化或容易形象化理解的。

举个具体的例子。例如，你想让上司知道“一年做好几次特价促销会让顾客感到厌倦”，但是他似乎很难明白。这时候，你就要寻找能让上司明白的比喻对象。“一年做好几次特价促销会让顾客感到厌倦”的本质是“太过频繁了就会惹人烦”。

① 思考什么东西“太过频繁了就会惹人烦”。过节怎么样？如果每个月都过节，人们就不会觉得新鲜了。

② 谁都知道过节。

③ 过节很有画面感，很形象。

三个条件都满足，说明过节是一个理想的比喻对象。

> 特价促销活动就像过节一样，一年只有一次人们才会格外地珍惜和重视。但是如果一年做好几次，客户肯定会厌倦的。

怎么样？可以说这样既容易理解，又有说服力。

要想快速且准确地完成①至③三步，关键是不要害怕失败，要大胆、积极地在平时生活中使用比喻。通过反复尝试和不断试错，将比喻法变成自己的东西。

最后，请你自己用比喻法来表达以下内容：

- 没用的东西；
- 过时的东西（状态）；
- 不合时宜的事物；
- 自以为是的状态；
- 错误的想法。

## 结束语练习

结束语往往能够很好地反映出说话人的意图。时刻注意结束语，才能够精准且如实地传达信息。

例如，告诉对方“是股价下跌的影响”或者“可能是股价下跌的影响”，这两者的意思截然不同。前者的“是”是一种肯定表达，而后者的“可能是”只是表达一种可能性。

请阅读下面例子，看用哪种结束语，才能正确地表达出你的意思呢？

“是股价的影响”（肯定）

“无非是股价的影响”（肯定・强调）

“就是股价的影响”（肯定・强调）

“是不是股价的影响”（包含确认意思的一种推测）

“可能是股价的影响”（可能性）

“是股价的影响吧”（推测）

“应该是股价的影响”（推测）

“肯定是股价的影响”（包含确认意思的一种推测）

“感觉好像是股价的影响”（根据亲身体验的一种推测）

“听说是股价的影响”（根据传闻的一种推测）

“应该是股价的影响”（偏客观的一种推测）

“我认为是股价的影响”（偏主观的一种推测）

“认为是股价的影响”（推论）

“据说是股价的影响”（传闻）

“可以说是股价的影响”（表达者的意见）

“感觉是股价的影响”（缺乏依据的见解）

“不可能没有股价影响”（否定 × 否定 = 强烈肯定）

“在于股价的影响”（提示原因、理由）

为了选择合适的结束语，我们需要了解信息的真实面目，它是一种肯定性信息，还是一种推测，又或者只是一种个人判断等。

如果一条信息中事实发生的可能性很低，而你却用了类似于“是股价的影响”这种肯定的表达来传达，或者将确定性信息用“感觉是股价的影响”这类表达来传达，那你就是在散布错误的信息。

另外，平时说话时习惯全面肯定（说话强硬型）的人和习惯回避肯定（说话软弱型）的人也需要我们注意一下，因为他们很有可能会因为个人习惯而忽视信息的精准性。其实，这两种类型的人都是利己主义者，不是在实事求是地传达信息。

习惯用某些特定结束语的人需要自我反省一下。一味肯定的人可能缺乏观察力和分析力，也可能是想通过这种表达方式让别人觉得自己工作能力强。与之相反，一味委婉表达的人，则是内心深处可能有着不想承担工作责任的想法。

语言，尤其是结束语，往往可以很好地反映一个人的内心想法。所以，我们首先要调整好自己的心态，才能合理地使用结束语。

当然，在概括的第一个步骤——收集信息阶段，我们也要注意提供信息源的人所使用的结束语，以及这个人写的文章的结束语等。如果对方只是推测，我们却采取了肯定性表达，这就意味着信息已经失真。进一步说，即我们要注意对方说的（写的）结束语的准确性。

工作中也有不少例外，比如“不得不这么说”“表面上只能这么说”等。换而言之，这类话背后往往有隐藏内容。“口若悬河”（客套话）和“职位谈话”（对自己有利的发言）便是如此，甚至有些人以误导为目的，有意识地操控或者选择诱导性信息。

一边观察对方的立场和非语言信息，一边解读隐藏在话语背后的信息，既可以提高概括信息的整体质量，也可以剥离虚假信息，找出真实信息。

## PDCA 法

每个足球运动员都应该从视频中看过自己踢球的样子，因为只有这样，才能客观地看待自己的动作。在体育界，客观地看待自己是一件理所当然的事。然而，很少有人会客观看待自己的表达方式和说话方式。

要想成为善于表达的人，客观看待自己是一种非常有效的方法。在此，我建议大家把自己的话录下来听。方法很简单，用手机录音即可。将自己在开会、销售、演讲等场合下说的话录下来，然后听一下自己的讲话，这样你就能明确自己的不足之处和尚需改善之处。

【自我印象】有要说“无论如何（即使到了生命的最后一刻）都要说的话”这一意识。

【客观看待录音】说话没有条理，没有充分表达“无论如何（即使到了生命的最后一刻）都要说的话”。

【自我印象】按照“主干—枝—叶”的顺序说话。

【客观看待录音】没有按照“主干—枝—叶”的顺序说话。

【自我印象】没有个人习惯、毛病等。

【客观看待录音】总是说“嗯”“啊”等，还习惯性地用了很多“总之”。

【自我印象】语调明快，口齿伶俐，表达清晰。

【客观看待录音】结束语部分声音低沉无力，口齿不伶俐，表达不清晰。

【自我印象】能够和听众流畅地进行对话。

【客观看待录音】单方面地在说自己想说的话。

【自我印象】尽量每个句子都简短明了。

【客观看待录音】有时句子表达得过于冗长。

【自我印象】没用难懂的专业术语和商务用语。

【客观看待录音】有时使用了难懂的专业术语和商务用语。

如果发现自己说得太慢了，下次就稍微加快一下说话节奏；如果发现句首总是说“嗯”，下次就有意识地减少使用；如果使用了很多片假名[①]词汇，下次就尽量不用片假名词汇，而使用浅显易懂的词汇。

---

① 片假名，日语中使用的一种表音文字。——编者注

你如果不能客观地看待自己的表达方式，以后就还会采用同样的表达方式；如果能够客观看待，就可以改正和完善以后的表达方式。

这就是所谓的 PDCA 法。PDCA 是指通过“Plan（计划）→ Do（执行）→ Check（评价）→ Action（改善）”的循环，持续改善业务和作业过程，提高质量和精度的方法。这种方法也可以直接应用在表达方式上。通过不断地克服自己在表达上的弱点，锻炼自己的表达方式和说话技巧。

如果在你说话时现场允许拍摄视频，那当然是最好的。因为看视频不仅可以检查你讲话时的声音，还可以检查装扮、举止、表情、手势等视觉信息。再者，如果能把听者的样子也拍下来就更好了，这样便能检查听者是否有所回应、回应是强还是弱等细节。特别是经常在人前说话（表达）的人，如果可以录下自己的声音和样子，并积极地循环使用 PDCA 法，就一定能够有效提高表达能力。

## 140 字发帖法

希望你在了解提高概括力的方法后，可以养成一个习惯——练习概括一切。

不只是在工作上，对于日常生活中接触到的各种信息，你都可以试着进行概括总结，例如：

- 阅读书籍、杂志、漫画后进行总结；
- 看完电影、电视剧、动画片、美术作品、舞台作品后进行总结；
- 参加研讨会、研修、课程后进行总结；
- 进入餐厅后总结；
- 概括新闻报道；
- 总结今天见到的 ×× 先生；
- 总结今天一天的工作内容；
- 总结今天发生的好事。

特别推荐大家在推特等社交软件上发布信息。因为推特上每个帖子限制 140 字，这种有限的字数最适合练习概括。因为 140 字的话，只能写“无论如何（即使到了生命的最后一刻）都要说的话”+α（某种程度上的具体化例子）。

每当发布一篇 140 字的帖子时，你就体验了本书所介绍的锻炼概括力的全部过程。也就是说，你在将收集到的信息进行分组，按照优先顺序排序后，决定了“无论如何（即使到了生命的最后一刻）都要说的话”。

例如，在概括今天看的电视剧剧情时，你就需要从长达一小时的电视剧中抽出其本质以及自己印象较为深刻的地方。也就是说，一边发帖，一边体验舍弃九成的信息。另外，用文字写出来可以加强和巩固记忆，这些记忆（作为判断材料等）有助于之后的概括。养成习惯后，你便能很快地写出 140 字。这便意味着概括能力的提高。

同时，你也要积极地以告诉他人的形式进行输出。例如，回家后告诉家人自己今天的午餐（餐厅）、今天初次见面的人、今天第一次使用的某件物品等等（当然，有意识地进行概括是最重要的）。

如果你既不喜欢发帖，也不喜欢告诉他人，那你可以用自己的笔记本、手账或手机上的笔记软件等进行输出练习。因为你即使理论上理解了概括的过程，但是不做实际练习，也很有可能只是纸上谈兵。养成概括一切的习惯，你的概括能力肯定会有飞跃性的提高。

## 发自内心的爱

假设你是一名销售人员，如果你对商品没有发自内心的爱，或者没有足够的热情要把它卖给顾客，那么你传达信息的动力就会不足。同样，如果你不爱对方，动力也会不足。在这种动力不足的状态下进行商品说明，是无法让对方产生兴趣的，因为爱和热情都是最真实的东西。

反之，如果你发自内心地爱此商品呢？甚至如果你爱对方呢？这种高能量、高动力，无论是在语言上还是在非语言上，都能表现出来，也就能打动对方的心，给对方留下深刻的印象，进而更大概率地让对方想购买你推荐的商品。

其实，对方可以清清楚楚地看到你对商品的爱、对客户的爱，以及想要将此商品介绍给客户的热情。当然，如果你没有或缺乏这些，对方也了然于胸，因为热情和爱是不能靠小聪明、小技巧来传达的。

最后，我想问你 3 个问题：

① 你对自己想要表达的内容有爱的感觉吗？

② 你对自己想要传达的对象有爱吗？

③你对向对方传达这件事有热情吗？

如果你充分运用概括力按部就班地完成了收集信息、整理信息和传达信息所需的步骤，却仍然没有将自己想说的话传达出去，这可能是因为动力不足。这时，请注意一下你心中的爱和热情。你的爱在哪里？你的热情在哪里？

不要敷衍，不要逃避，持续关注自己的内心就一定能找到答案。在高能量、高动力的状态下运用概括力，你的输出能力才会最大化，你的话也会更容易地传达给你想要传达的所有人，更容易打动人心。

# 结语

Concluding

为什么现在这个时代需要概括力呢?

其实，你已经有意或无意地感受到了。时代的变化越来越快，别说是十年一大变，甚至已经可以说是一年一大变了。很多一年前的常识，一年后就变成了非常识。不仅仅是内容变化速度快，工作方式、价值观、生活方式等都发生了戏剧性的变化，多样化的分支越来越多。未来充满着不确定和未知，我们越来越看不清前方。

另外，如今的超信息化社会充斥着玉石混淆的信息。如果对信息毫无防备，我们就会被这巨大的旋涡吞噬，很快就迷失了自己。在越来越要求快速、简洁地表达的今天，我们更需要概括力。而且，最重要的是要自主地概括。我们不能成为周围的信息、环境或者他人的奴隶，要经常主动地面对信息，看清哪些是自己所需要的信息，哪些不是。提高概括力的背后其实是主动地生活。

当然，在这个快速发展的时代，我们必须时刻提高对最新信息的敏感度，如果被过时、僵化的信息羁绊，便无法做出正确的判断。同样，我们也要看出超越时代、具有创新性、能够应用或转用的信息的本质。本质性的信息，不仅会对我们的工作有很大的帮助，也是我们人生中的一笔财富，具有很大的启发意义。

请放心，你读完了此书，就意味着你已经充分理解了概括力的好处和提高概括力的方法。现在，你可以为自己的未来使用这些方法了。今后，无论社会如何变化，只要具备概括力，你就能聪明且坚强地生活下去。

如果概括力得到提高，作为职场人你的能力就会大大增强。随后，这会给予你相关的人和组织带来的巨大的帮助和好处。如此一来，人、物、信息、金钱等资源自然就会聚集在你的身边。周围人也会高度评价你，喜欢你，依赖你。可以说，概括力也是成功改变人生的一个工具，而你已经拿在手上了。

在本书的写作过程中，从策划到发行，实业之日本社编辑部、营业部的各位老师给予了我很大的帮助，借此机会对此我表示衷心的感谢。

另外，在新型冠状病毒肺炎的不安中，我的妻子山口朋子和女儿桃果积极乐观，让我在家里感受到了无尽的正能量。她们是我快乐开朗的源泉，非常感谢她们。

最后，写给阅读本书的各位：

你将如何概括本书的信息，并将其运用到今后的工作和生活中呢？

请一定认真思考一下这个问题。

衷心祝愿你的人生更加精彩。

2020年6月　山口拓朗